湛庐文化
Cheers Publishing
a mindstyle business
与思想有关

Erez Aiden
数字人文学领军人物 埃雷兹·艾登
UNCHARTED
Big Data as a Lens on Human Culture

从遗传学家到文化组学第一人

1980 年，埃雷兹・艾登降生于美国纽约州布鲁克林区。因为父亲是罗马尼亚人、母亲是匈牙利人，所以他自小就精通希伯来语和匈牙利语这两种语言。艾登的父亲是位科技企业家，有自己的工厂。9 岁时，他便能帮助父亲处理生意上的英文合同。对于年少的艾登来说，是父亲让他初次感受到了科学的魅力。

高中的业余时间，艾登会到布鲁克林学院的分子生物学实验室学习。毕业后，艾登选择了离家很近但文化气息浓郁的普林斯顿大学，在那里，他主修数学、物理学和哲学专业，还自学了创意写作课，旁听了俳句课。大学时光在这份忙碌与充实中匆匆而过，但是历史学却在他心中燃起了熊熊火焰。靠着辛勤的努力，他成功考上了叶史瓦大学的硕士研究生。毕业后，去到哈佛 - 麻省理工的博德研究所攻读博士学位，得到遗传学专家艾瑞克・兰德（Eric Lander）和有着“新时代达尔文”之称的马丁・诺瓦克（Martin A. Nowak）的指导。在此期间，艾登致力于研究人类文化基因组三维结构的排序，发明了探测基因 3D 折叠方式的技术，对演化图论（Evolutionary Graph Theory，EGT）作出了贡献，成了当之无愧的遗传学家。

同时，艾登对计算机和网络技术十分狂热，也是美国应用数学领域的研究学者。他和同事让 - 巴蒂斯特・米歇尔开始利用数学方法分析图书中的海量数据，希冀洞悉人类文化的演进规律。为了向数据密集型的“基因组学”致敬，他们首次提出了“文化组学”的概念。

“谷歌图书”项目首席专家
全球第一部“n 元词组词频查看器”开创者

为了写一篇关于英语语法历史的论文，艾登和米歇尔最先手动数字化了一批小规模的古英语语法教课书，但是查找图书馆图书的工作量仍然十分巨大，这让他们很烦恼。

2010 年，一个好消息传来。谷歌将扫描人类出版了的每一本书的每一页。但是，想要与谷歌合作非常不容易。无独有偶，艾登的妻子阿维娃・艾登（Aviva Aiden）应邀到谷歌总部领取一项颁发给在计算机科学领域有杰出成就的女性的奖，趁这一机会，艾登夫妇想办法见到了谷歌著名研究总监彼得・诺维格（Peter Norvig），幸好，诺尔维格为他们开了绿灯，让艾登和米歇尔成了该项目的首席专家。而且，在研究过程中，他们关于量化历史趋势的各个报告还得到了史蒂芬・平克的极大关注。

项目结束后，艾登和米歇尔希望谷歌能将那 20 亿 n 元词组共享出来。但是谷歌并不想这么做：数据泄露很可能会给自身招致法律麻烦。此时，幸运女神再次降临，他们偶然得知当时整个“谷歌图书”项目的运营

负责人丹·克兰西（Dan Clancy）是史蒂芬·平克的支持者，在后者的帮助下，他们终于得到了自由使用权，并推出了全球第一部n元词组词频查看器（Ngram Viewer）。这一工具可以逐字逐句追踪、记录各个字词在书中的出现频次、常见组合方式等，以洞悉人文的演变与趋势。

艾登和米歇尔还就此做了一场TEDx演讲，主题为《我们从500万本书中学到了什么？》（*What We Learned from 5 Million Books?*）。

世界顶级创新家
美国总统青年科技奖获得者

艾登是 Ishoes 公司的 CEO。2008 年，他推出了在老年人鞋子中植入传感器以帮助他们保持平衡的设计，因此获得了勒梅森 - 麻省理工颁发的奖金，并被《大众机械》杂志评为“20 大可以改变医学界的生物技术新突破”。

艾登因杰出的博士论文《结构的演变与兴起》（*Evolution and the Emergence of Structure*）获得美国物理学会奖。2009 年，因《数量工具为理解进化理论提供新视野》的研究成果被《麻省理工科技评论》杂志评为“世界上前 35 位年龄小于 35 岁的创新者”。2011 年，艾登获得美国总统青年科技奖。

可视化未来

数据透视下的人文大趋势

[美]埃雷兹·艾登（Erez Aiden） [法]让-巴蒂斯特·米歇尔（Jean-Baptiste Michel）◎著

王彤彤 沈华伟 程学旗◎译

UNCHARTED

Big Data as a Lens on Human Culture

数据透镜，洞穿科学与人文之美

中国工程院院士，中国科学院大学计算机与控制学院院长
李国杰

近年来，全球掀起了一股“大数据”浪潮，波及社会的各行各业，深刻影响和改变着人们的思维和科学研究方式。在工业界，数据已成为企业核心竞争力之一；在学术界，数据密集型科学研究已上升到与科学实验、理论分析、计算模拟并列的科学研究“第四范式”。在这样的时代背景下，社会科学也面临着前所未有的发展机遇。对人类社会各种微观活动的记录和统计，为社会科学研究提供了宝贵的数据资源，开辟了社会科学研究的新途径。

展现在你面前的《可视化未来》一书以“谷歌图书”项目为背景，讲述了大数据在研究历史文化、人类语言、社会名望、群体记忆等方面的重要作用，大数据为我们提供了一面考察社会的透镜，其对社会科学的变革意义，与伽利略首次将望远镜指向太空对天文学的意义一样重大。为了应对数据隐私和数据共享等难题，作者巧妙地提出了数据投影的方法，设计了 n 元词组

词频查看器这样一个透镜，让人人都可以轻松地通过人类历史上出版的图书集合来透视人类文化的历史。

《可视化未来》一书对从事科学研究的学者有很好的启发作用。作者从一个孩童式的问题开始，思考该问题蕴含的科学意义，并努力寻找场景和数据来探索该问题，不断思索将该问题的研究付诸实践的途径，最终成功完成了此项研究，并将研究成果发表到了《科学》杂志上。接下来，作者继续将其研究成果进行拓展，用于研究名望、记忆、创新等，并将研究结果编写成这本书，让更多的人了解到大数据在研究人类文化方面的作用。作者还成功说服了“谷歌图书”项目负责人将 n 元词组词频查看器作为该项目的线上产品之一，让全世界的人都可以使用它。

《可视化未来》是一本既深邃又通俗的科普读物，将科学思维之严谨和人文思维之优美有机地结合在了一起，语言幽默诙谐，读起来轻松愉快，又颇具启发性，很值得一读。

在大数据的指引下开启未知之旅

作为科学体系的两大支柱，人文科学和自然科学自诞生伊始便按照截然不同的范式几乎平行地发展着。人文科学主要以人类社会为研究对象，以探索和揭示人类社会的本质和发展规律为目的。自然科学则主要以自然界为研究对象，以解释自然现象和揭示其客观规律为目标。二者就像两个背对着的镜子一般，形影相随，却因研究对象和研究手段的差异而长期疏远，而且研究人员也因此分成了两个阵营。例如：在学校中，我们人为地进行文理分科；在科学研究中，我们自发地选择加入其中一个阵营。今天，大数据为人文科学提供了新视角，革新了人文科学的传统范式，模糊了人文科学和自然科学的界限，使人文科学和自然科学开始志趣相投地走到一起，呈现出文科理科化趋势。计算社会学、语料语言学、数字人文学等交叉学科相继出现并蓬勃发展。在这样的趋势和背景下，《可视化未来》一书作为一面透镜，展示了大数据在认识人类语言、历史、名望、记忆和文化等方面的透视作用。在宏大的人文视角下，它以“冰冷”的数据将人类文化“鲜活”地呈现在了我们面前。

《可视化未来》有一明一暗两条主线。明线是作者艾登和米歇尔通过谷歌数字化图书中的 n 元词组对语言演化和人类文化进行的探索之旅；暗线是作者抽丝剥茧式地拨开这些人文科学问题的层层面纱，并以数据为手段将其作为自然科学问题加以求解的历程。这两条主线交相辉映。作者使用大数据在最大尺度上对人类经验进行量化，带领我们在人类文化的未知水域上航行，通过大数据向我们展示了自然科学之普适，并以诙谐的笔触展示着人文科学之魅力。全书脉络清晰，通篇读下来可谓一场科学和文化相交融的旅行。

《可视化未来》一书的一大特色是用图表说话。书中数百幅图表，以最直观的方式回答了很多看似毫无头绪的复杂问题。例如，不规则动词是如何逐渐消失的？技术传播得有多快？数据和上帝，人们更相信哪一个？名人们更多的是少年成名，还是大器晚成？如何自动地检测出舆论压制？如何预测人类历史的未来？如何进行合适的职业选择？回答这些问题的图表，可以说是人类文化的一部连环画。它们简单易懂，而我们还可以通过在线的 n 元词组词频查看器方便地生成很多类似的图表，来满足我们对人类文化各个方面的好奇心。

在翻译本书之前，沈华伟副研究员刚从美国东北大学（Northeastern University）的复杂网络研究中心归国。和网络科学奠基人艾伯特-拉斯洛·巴拉巴西（Albert-László Barabási）教授一起从事科学研究的这段经历，使他对科学的认识越发清晰，研究套路日益成熟。他开始反思：数据驱动的科学发现在大数据时代到底面临着哪些契机和挑战？作为科研人员，我们又该作出哪些改变呢？就这些问题，沈华伟和他的博士生导师——中国科学院计算技术研究所的程学旗研究员、王彤彤局长进行了深入探讨。十分巧合的是，他们三位有幸成为了《可视化未来》这本通过大数据研究人类文化的杰作的译者。在翻译本书的过程中，译者领略到了作者在处理数据共享和隐私保护这一矛盾时的睿智——数据投影，也体会到了作者将一个工具拓展到多个应用场景的敏锐——数据形态。数据科学作为一门学科在不久的将来将会逐渐成形，以数据为研究对象和主要驱动力的科学范式将会出现，而首先因此发生变化的将是人文科学——大量人文学科将以数据为纽带和自然科学融合。社会计算、城市计算、群智计算等也将会快速发展，并深刻影响甚至改变我们的社会生活方式和看待社会的方式。

翻译《可视化未来》一书，也是程学旗研究员、沈华伟副研究员和湛庐文化的再次合作。对他们而言，这不仅仅是一次书籍翻译，而且还蕴含着至少两个层面的含义。一方面，大数据时代的各种思潮和视角在不断涌现，作为一名科研人员，我自然需要去尝试理解和领会这个时代的主要趋势及其影响。通过翻译此书，译者零距离地接触了采用大数据进行人文科学研究的历程，感受到了作者敏锐的洞察力——问出好问题，以及将其付诸实践的执行力——给出简洁有效的回答。另一方面，作为和湛庐文化合作的第二本译著，译者开始尝试形成一定的翻译风格，希望能够尽可能地减少译作和原作之间由于语言、文化的差异而可能给读者带来的理解偏差。这的确是个不小的挑战，而原作中大量使用英文所独有的诙谐用法，也给翻译工作带来了不小的困难。由于译者功力有限，翻译之中的不当之处，还望各位读者谅解和斧正。

最后，以本书中的一句话来结束：大数据正在革新自然科学，改变人文科学，并重新定义业界和学界的边界。让我们拭目以待，开启“未知”之旅吧！

目 录

UNCHARTED

Big Data as a Lens on Human Culture

你不是一个人在读书！
扫码进入湛庐“商业新思维”读者群，
与小伙伴“同读共进”！

引 言

UNCHARTED

Big Data as a Lens on Human Culture

数字眼，透视历史与未来

设想一下，如果我们有一个可以阅读全世界各大图书馆所有藏书的机器人，它能够以极快的速度读完这些书，并以超强的记忆力记住书中的每个词。那么，我们不禁会问：从这样一位“机器人历史学家”那里，我们能学到些什么呢？

举一个在美国家喻户晓的例子。如今，美国人把居住在南方各州的人称为“南方人”；把居住在北方各州的人称为“北方人”；把居住在新英格兰各州的人称为“新英格兰人”。然而，人们却把这些人统称为“美国人”。

为什么人们说到“美利坚合众国”（the United States）一词时会使用单数形式（is）呢？事实上，这不仅仅是一个语法问题，更是一种国家认同。

在美国建立之初，其建国文件《邦联和永久联合条例》（*Articles of Confederation and Perpetual Union*）所规定的政府是弱中央政府，并且其中提到的新实体也不是指一个国家，而是各个州的友好联盟，有些类似于今天的欧盟。当时，生活在各个州的人们并不认为自己是美国人，而是称自己为某个州的公民。

正因如此，那时的人们在提到美国时会使用复数形式。这与当时的美国只是一些独立州的联合体相关。例如，1799 年约翰·亚当斯总统在其《国情咨文》中提到："美利坚合众国在它们与英国国王的协议中……"如今，如果有哪位美国总统在提到美国时采用"它们"这样的说法，那必将会引发全民的指责。

1787 年美国《宪法》中"我们合众国人民"（We the People）是何时转变成 1942 年《效忠誓词》中的"一个国家"（one nation）的？

如果我们去问历史学家，那他们很可能会将我们引到詹姆斯·麦克弗森（James McPherson）在其纪念美国南北战争历史的著作《为自由而战的呐喊》（*Battle Cry of Freedom*）中那个众所周知的答案上去：

> 战争带来的一些重要影响逐渐清晰。国家分裂和奴隶制度被消灭了，并且从阿波马托克斯（Appomattox）南方投降以来的 125 年间都没有重演。这为美国社会和国体都带来了深远的变革，而战争在其中起到了不可磨灭的作用。在 1861 年之前，"美国"一词通常以复数名词的形式出现，譬如，"The United States are a republic"。而南北战争则标志着"美国"一词从复数名词走向了单数名词。

麦克弗森并不是作出这一猜测的第一人。实际上，这个话题被争论了至少 100 年，简直就是老生常谈了。下面是摘自 1887 年《华盛顿邮报》的一段话：

> 几年前，"美国"一词被用作复数形式。人们会说："the United States are"，"the United States have"，"the United States were"。但是，

> 南北战争改变了这一切。沿着从切萨皮克（Chesapeake）到萨宾帕斯（Sabine Pass）的战争前线，这个语法问题从此被彻底解决了。该问题的最终裁决不是靠威尔斯（Wells）、格林或林德利·默里（Lindley Murray），而是借助于谢里登（Sheridan）的军刀、舍曼（Sherman）的步枪、格兰特的火炮……戴维斯阁下和李将军的投降意味着“美国”一词从复数形式过渡到了单数形式。

即使是在一个世纪后，哪怕只是读一读这个由语言、火炮、冒险组成的奇妙故事，都足以让人激动不已。谁会想到，一场词语使用的语法争论会通过“舍曼的步枪”来定论呢？

然而，我们是否应该相信上述结论呢？

或许吧。詹姆斯·麦克弗森是美国历史学会（American Historical Association）的前主席，是一位传奇的历史学家。他的著作《为自由而战的呐喊》获得了普利策奖。此外，1887 年《华盛顿邮报》那篇文章的作者想必亲历了“美国”一词用法的转变，也似乎没有什么比亲身经历更有说服力的了。

詹姆斯·麦克弗森虽然非常聪明，却并非不会犯错，而亲历者也可能会错误地转述事实。那么，我们有更好的方法来证实“美国”一词用法的转变吗？

或许有，我们可以让前面提到的机器人——那位阅读过所有图书馆藏书的虚拟机器人来发表一下其数据化的观点。

为了回答上述问题，我们假定那位“机器人历史学家”可以凭借其超强的记忆力绘制出图 0-1。该图展示了各个时间段中“The United States is”和“The United States are”这两个短语在美国已出版的英文书中的出现频次。图的横轴代表年份，纵轴则表示这两个短语的出现频次——在每年出版的书中，每10亿个词中上述两个短语平均出现的频次。例如，在1831年出版的书中，机器人总共读到了313 388 047个词。在这些词中，短语“The United States is”出现了62 759次。平均而言，1831年“The United States is”在每10亿个词中出现了20万次。

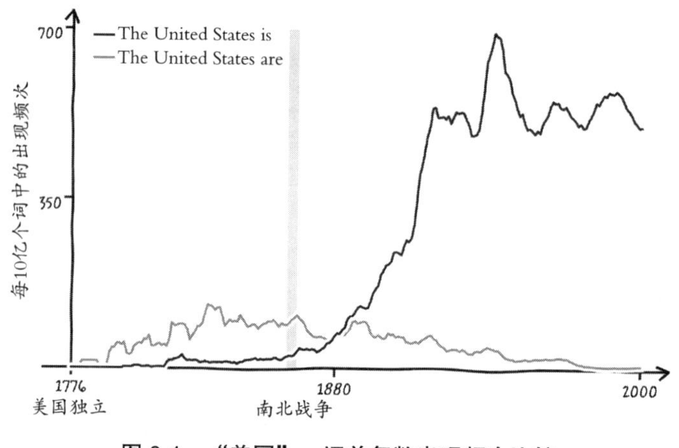

图0-1　“美国”一词单复数出现频次比较

图0-1使我们可以非常清晰地看出，人们是何时开始采用单数形式来表达“美国”的。

这里有一个小问题：根据这个虚拟机器人所绘制的想象图来看，我们前面所说的战争和语言的故事便是错误的了。首先，“美国”一词从复数形式到单数形式的演变是一个漫长的过程，经历了19世纪第二个10年到20世纪80年代这150多年的时间。更重要的是，在这个演变过程中，“The United States is”和“The United States are”这两个短语在南北战争期间并没有发生突然过渡。实际上，在战争年代之前或之后两个短语的出现频次并没有多大的差别。复数形式到单数形式的演变在南北战争后虽稍有加速，却始于南方联军总司令李将军投降5年后。根据机器人绘制的这幅图，直到南北战争结束 15 年后的 1880 年，“美国”一词才作为单数名词开始在美国各州普及开来。甚至到了今天，“美国”一词的复数表达形式仍然在美国个别州有所出现。

当然，机器人历史学家只是我们假设出来的，因为拥有这样一个能够快速阅读完图书馆所有藏书、胜过获奖历史学家和亲历者的机器人似乎仍是一个遥不可及的梦。

除此之外，上面的结论都是正确的。

麦克弗森虽然聪明，却在“美国”一词单复数形式的演变上犯了错误。亲历者也没能准确地回忆出这一演变的发生历程。事实上，我们提到的机器人的确存在，而上文提到的图就是由这个机器人绘制的，且还有数十亿幅图在等着它绘制。如今，全世界的数百万人正在以一种新的方式纵观历史：**透过机器人的“数字眼”来看历史。**

大数据，看世界的新方式

一种新的透镜正在影响着我们看世界的方式，而这已经不是第一次了。

13 世纪末，眼镜作为一种新发明像野火一般开始在意大利普及。短短几十年，眼镜从无到有，从新鲜事物变成了司空见惯的东西。在智能手机出现之前，眼镜对很多意大利人而言是一种不可或缺的装备——它将时尚性和功能性有机结合，是可穿戴技术的早期成功探索之一。

随着眼镜在欧洲与世界各地的普及，验光生意逐渐红火起来，而透镜生产技术则变得日益成熟和廉价。人们随后便开始尝试将多个透镜结合起来，以观测其效果。很快，人们意识到，只需要一点点工程技巧，多个透镜的组合便可以获得极大的放大效果。由此，人们开始制造复合透镜，用于揭示肉眼看不到的新世界。

复合透镜可以用来放大非常小的东西。显微镜帮助人们解开了至少两个有关生命的千古之谜。通过显微镜，人们发现，周围的动植物可以被细分成物理上彼此独立的微小单元。发现这一原理的英国物理学家罗伯特·胡克（Robert Hooke）指出，这些微小单元的排列方式类似于修道院的居住区，因此胡克将它们称为“细胞”。另外，显微镜还揭示了微生物的存在。这类生命体通常由单个细胞构成，却占据了生物世界中的绝大多数。在显微镜发明之前，没有人知道这种生命形式的存在。

复合透镜还可以放大距离遥远的东西。伽利略曾靠着一部放大系数为30倍的望远镜来探索宇宙之谜，按照现在的标准，这种望远镜不过是儿童玩具，但它却让伽利略看到了前所未见的东西。当这位佛罗伦萨的科学家将它对准月亮时，他看到了月亮上的山谷、平原以及影子总是背向太阳的山川。在此之前，人们一直认为，月亮是一个完美的球体。伽利略通过望远镜探索夜空中那条被称为“银河”的亮带，那时他可能会看到数不清的淡淡恒星，其实这就是我们今天所说的“银河系”。当伽利略将他的望远镜对准这些恒星时，他有了惊人的发现：他看到了金星的相位和木星的卫星，从而引领我们开始探索新世界。

伽利略的观测成果为驳倒托勒密的地心说提供了决定性证据。继而，人们又迎来了哥白尼有关太阳系的观点：太阳由旋转的行星包围着。在伽利略灵巧的手中，光学透镜——**一个小小的光学技术的产物，不仅引发了一场科学革命，而且改变了宗教在西方世界中的地位。光学透镜产生的影响远不只是推动现代天文学的诞生，而是推动了现代世界的诞生。**

即使是500年后的今天，显微镜和望远镜与科学进步依然息息相关。当然，这些设备已经改进了很多。传统的光学成像如今变得日益复杂起来，现代的显微镜和望远镜与过去的设备相比遵循的是完全不同的科学原理。例如，扫描隧道显微镜的原理源于20世纪的量子力学。然而，在天文学、生物学、化学和物理学等许多科学领域，其研究范畴仍然主要由它们实际可观测到的范围来界定——借助当前最好的显微镜和望远镜在这些领域中能够了解到的东西。

2005年，那时我们还只是研究生。我们花了很多时间来思考科学家们的研究领域及其研究方式是如何促进科学进步的。我们那段时间着迷于这种异乎寻常的想法。很长一段时间内，我们都对历史研究感兴趣，尤其是对人类文化的演变。有些变化是剧烈的，但是大多数则会细微到人脑几乎察觉不到的地步。我们想到，如果用一种类似于显微镜的东西来测量人类文化的演变，辨识和记录所有这些我们以前从未注意到的微小变化，那岂不是很棒？或者，我们能否有一种类似于望远镜的东西，使我们可以从遥远的地方做到这些事情，譬如从其他大陆或相隔几个世纪？概言之，我们是否可能发明出一种观测方式，让我们并非观测物理对象，而是观测历史变迁呢？

当然，即便我们的想法能够实现，我们所作出的也将不再是伽利略那样的贡献。毕竟，现代世界已经存在，太阳已经是太阳系的中心，诸如此类。基本上，我们每个人都已经意识到，观测方式非常重要。不过，当时在我们看来，设计出这样一种新的观测方式只是有助于我们从哈佛大学顺利毕业。毕竟对于我们这些正在攻读博士学位的低收入、受教育过度的人而言，能顺利毕业就是我们唯一可以期盼的事了。

在我们思考如何设计出一种新的观测方式这个有些怪诞的问题时，一场变革就已经在其他地方发生了，它一开始便让数百万人卷入了我们这个奇怪的想法中。这场大数据变革的核心是关于人类如何创造并保存自己的历史活动记录的。而其变革的结果将改变人类看待自己的方式，其带来的崭新观测方式则会使人们更有效地探索人类社会的变迁规律。**大数据将改变人文科学和社会科学，重新界定商界和学术界之间的关系。**为了更好地理解这些变革发生的方式，让我们从头详细回顾一下它的发展——从它不起眼的开始到引人瞩目的现在。

从数羊到数字化人文

一万年前，史前的牧羊人经常丢羊。接受失眠症患者的建议，他们想到了计数的方法。这些最早的“会计师”们用石头数羊，就像现在的赌徒用筹码记录输赢一样。

这一方法很有效。在接下来的 4 000 年里，随着需要记录的物品种类日益增多，人们开始使用简单的雕刻工具在一些石头上刻录图案来做标记。这些图案用来表示人们计数的不同对象。最终，在公元前 4 000 年，石器时代的祖先们开始在小石头上雕刻图案以记录一些事情，而伴随着要记录的事情不断增多，人们开始觉得这种记录方式很不方便。后来，人们想到了一种更为便捷的方式——在一块大石头上并排雕刻很多图案。于是，文字诞生了。

回想一下，数羊这样的日常琐事却推动了文字的诞生，似乎有些不可思议。**人们对书面记录的诉求通常源于经济活动。毕竟，除非能够清楚地记录谁拥有什么，否则交易便毫无意义。**因此，早期的人类文字大多和交易有关，人们记录了大量的赌注、单据和合同。所以，早在我们祖先的著作问世之前，我们首先拥有的是关于交易和利润的记录。实际上，许多文明甚至没有发展到记录和留下伟大文学作品的阶段，而我们通常会将文学作品和文化历史关联在一起。从古代社会留下来的东西主要是收据。如果不是这些为商业目的而产生的记录，对于古代文化我们将知道得少之又少。

这种感觉在今天比过去任何时候都更加真切。与我们的祖先不同，如今许多企业的商业记录不再只是商业活动的副产品。像谷歌、Facebook、亚马逊这样的公司，都在创建工具以便用户在互联网上表达自己的观点，并与其他用户交流。这些工具建立起了一个个数字化的个人历史记录。

对于这样的公司而言，记录人类文化成为了它们的核心业务。

不仅仅是像网页、博客、在线新闻等公共消费记录，私人通信也能通过电子邮件、网络电话或短信息等越来越多的在线方式进行了。而由此形成的通信记录经常以某种形式被多个实体保存着。无论是在 Twitter 上还是在 LinkedIn 上，我们的人际关系和商业关系都能被万维网罗列出来。当我们在谷歌上点赞、在社交网络上推荐或者发送一张电子贺卡时，我们的一些见闻和转瞬即逝的想法便在互联网上留下了永久的数字足迹。谷歌会记得那封充满愤怒的电子邮件中的每个字眼，但或许我们早已忘记了当时这封邮件是发给谁的。即便我们大醉醒来时头脑迷糊，Facebook 上的照片也会记录下自己那晚在酒吧中的各种细节。谷歌会扫描我们写的书；Flickr 会存储我们拍摄的照片；而 YouTube 则会播放我们制作的影片。

在我们体验现代生活所提供的各种便利时，互联网不断记录下了我们日益增多的数字足迹：**具有惊人广度和深度的个人历史记录。**

人类信息正在经历指数级增长

所有这些个人历史记录加起来有多少信息呢？

在计算机科学中，用于测量信息的单位是比特，简称“二进制数”。你可以将 1 个比特简单地理解为对某个“是”或“否”问题的回答，1 代表“是”，0 代表“否”。每 8 个比特被称为“1 个字节”。

目前，一个人的数字足迹——每人每年在世界上产生的数据量，差不多有 1 太字节。这也相当于回答了大约 8 万亿个“是”或“否”的问题。同时，这也意味着人类每年会产生 5 泽字节的数据：40 000 000 000 000 000 000 000（40×10^{21}）比特。

从直观上来看，如此庞大的数字很令人费解，那就让我们来尽量使其具体一点。如果我们手写出 1 兆字节所包含的信息，那么最终产生的 0、1 数字串的长度将是珠穆朗玛峰高度的 5 倍多；如果手写 1 吉字节，那么其长度相当于地球赤道的长度；如果手写 1 太字节，那么其长度相当于往返土星 25 次；如果手写 1 拍字节，那么其长度相当于往返宇宙中距离地球最遥远的人造物体——“旅行者 1 号”；如果手写 1 艾字节，那么其长度相当于从地球到半人马座阿尔法星的距离；如果手写人类每年产生的所有这 5 泽字节的数据，那么其长度相当于从地球到达银河系中心的距离。如果这 5 泽字节的数据不是通过收发电子邮件和播放流媒体电影产生的，而是像古代牧羊人那样数羊产生的，那么如此庞大数目的羊群会不留空隙地填满整个宇宙。

这就是人们将这类记录称为“大数据”的原因。不过，今天的大数据只是冰山一角。随着存储技术的进步、带宽的增加以及人们生活重心向互联网的逐渐迁移，现代人的数字足迹正以每两年翻一番的速度增长。[①] 可见，大数据将变得越来越大。

① 据市场咨询公司 IDC 估计，人类的数字足迹将从 2005 年的 130 千兆兆字节增加到 2020 年的 4 万千兆兆字节。这表明，大约每一年零 10 个月数据就会增加一倍。

科学家与人文学家走出“象牙塔”

在记录文化的方式上，古今最大的差异在于今天的大数据是以数字形式存在的。正如光学透镜能转换和操纵光线一样，数字媒体也能转换和操纵信息。**只要拥有充足的数字记录和一定程度的计算能力，那么人类文化的相关研究就会达到新的制高点，我们也就有可能在认识世界以及理解我们在世界中的地位方面作出令人惊叹的贡献。**

让我们来考虑这样一个问题：如果你想了解现代人类社会，那么你将去哪里寻求更有利的帮助？是一所拥有众多社会学家的一流大学，还是帮助人们实现在线社交的 Facebook 呢？

尽管，成为大学社会学系的教师可以让我们获益于那些一生致力于学习和研究的聪明大脑。然而，Facebook 是 10 亿人日常社会生活的一部分，它知道人们在哪里居住和工作、和谁在哪儿交往、喜好什么、什么时候生病以及和朋友谈论的话题，等等。因此，答案很可能是 Facebook。如果现在答案还不是 Facebook，那么 20 年后，当 Facebook 或者其他类似的网站存储了万倍于当前的个人信息时，答案又是怎样的呢？

诸如此类的思考开始促使科学家和人文学者作出一些不寻常的举动：**走出象牙塔，开展和大公司的合作研究。**尽管这些合作者在观念和动机上的差异很大，但他们合作开展的研究类型是人们无法想象的——他们使用的是规模前所未有的数据。

斯坦福大学经济学家乔恩·莱文（Jon Levin）和 eBay 合作，研究市场中商品的价格是如何确定的。莱文发现，eBay 商家经常进行小型实验来确定货物的价格。通过同时研究数十万个这样的定价实验，莱文和他的同事阐明了经济学中一个相对成熟但却仍然停留在理论阶段的分支——价格理论。莱文指出，现有的文献多数情况下是正确的，但有时也会有重大错误。莱文在这一方面的研究上作出了巨大贡献，使其获得了约翰·贝茨·克拉克奖（John Bates Clark Medal），该奖项是 40 岁以下经济学家能获得的最高荣誉，其得主往往直指诺贝尔经济学奖。

加利福尼亚大学圣迭戈分校的詹姆斯·福勒（James Fowler）带领他的研究小组和 Facebook 合作，对 6 100 万个 Facebook 用户进行了实验。实验结果表明，当一个人听说自己的密友注册 Facebook 进行投票后，其注册的可能性会相应变大。而他们的朋友关系越密切，相互间的影响也就会越大。除了这一有趣的实验结果外,这个实验还被权威学术期刊《自然》做过封面特别报道。另外，实验还发现，2010 年的美国选举中增加了超过 30 万张选票，而这些选票足以改变选举结果。

美国东北大学的物理学家艾伯特 - 拉斯洛·巴拉巴西[①]和一些大型电话公司合作，通过分析手机用户留下的数字足迹，研究数百万人的移动轨迹。巴拉巴西和他的团队提出了一种研究人类迁移的数学分析方法，并在多个城市进行实验。他们通过分析人类迁移的历史记录，有时甚至能够预测出人们接下来会去哪。

谷歌软件工程师杰里米·金斯伯格（Jeremy Ginsberg）领导的团队观测到：在传染病流行期间，人们很可能会去搜索流感症状、并发症和疗法。金斯伯格及其团队利用这一令人吃惊的事实做了更进一步的研究：他们搭建了一个可以实时查看某个特定地区的人们在谷歌中的搜索内容，从而识别出逐

① 想要更多地了解巴拉巴西的观点，请阅读《爆发：大数据时代预见未来的新思维》一书，该书简体中文版已由湛庐文化策划、中国人民大学出版社出版。另请参见《链接：商业、科学与生活的新思维（10 周年纪念版）》，本书简体中文版也已由湛庐文化策划、浙江人民出版社出版。——编者注

渐增多的流感传染区域的系统。在识别新传染病方面，他们设计出的这个早期预警系统在比美国疾病控制与预防中心（U.S. Centers for Disease Control and Prevention）要快很多，尽管后者拥有庞大而昂贵的专用基础设施。

哈佛大学经济学家拉杰·切蒂（Raj Chetty）联系美国国家税务局（Internal Revenue Service，IRS），说服其共享某个城区数百万学生的信息。他和他的合作者将这些信息与学生课堂作业布置情况的信息合成了一个新的数据库，后者是由学校提供的。通过这个数据库，切蒂的团队可以知道哪个学生师从于哪位教师，从而能够开展一系列开创性的研究：能师从于一位优秀的教师对学生的长期影响以及一些其他政策介入产生的影响。他们发现，一位优秀的教师会影响学生上大学的可能性、学生们毕业多年后的收入甚至学生们今后生活中邻里关系良好的可能性。切蒂的团队用他们的发现来帮助改善对教师工作成效的考核。2013 年，切蒂获得了约翰·贝茨·克拉克奖。

在极具煽动性的 FiveThirtyEight 博客中，前棒球分析师纳特·西尔弗（Nate Silver）研究了通过大数据来预测美国大选的赢家的可行性。他从盖洛普（Gallup）、拉斯穆森（Rasmussen）、兰德（RAND）、梅尔曼（Mellman）、美国有线电视新闻网（CNN）和许多其他网站上搜集关于总统民调的数据。利用这些数据，他预测到奥巴马将赢得 2008 年大选，并准确预测出了 49 个州以及哥伦比亚特区的选举人团的获胜者，唯一一个预测错的州是印第安纳州。预测准确率似乎已经没有多少可以提高的空间了。但是，在下一次大选中，他却的确提高了预测准确率。在 2012 年选举日的上午，西尔弗宣布，奥巴马有 90.9% 的可能性会击败罗姆尼，并准确预测了哥伦比亚特区和每个州的当选者，而这一次印第安纳州也没能例外。

使用大数据进行探索的实例还有很多，而且还在不断涌现。如今的研究人员利用大数据所做的实验是他们的前辈们做梦都想不到的。

包罗一切的数字图书馆

本书讲述的是一个有关对图书馆进行实验的故事。没错，我们的实验对象不是一个人、一只青蛙、一个分子或者原子，而是史学史中最有趣的数据集：**一个旨在包罗所有书籍的数字图书馆。**

这样神奇的图书馆从何而来呢？

> 1996 年，斯坦福大学计算机科学系的两位研究生正在做一个现在已经没什么影响力的项目——斯坦福数字图书馆技术项目（Stanford Digitial Library Technologies）。该项目的目标是展望图书馆的未来，构建一个能够将所有书籍和万维网整合起来的图书馆。他们打算开发一个工具，能够让用户浏览图书馆的所有藏书。但是，这个想法在当时是难以实现的，因为只有很少一部分书是数字形式的。于是，他们将该想法和相关技术转移到文本上，将大数据实验延伸到万维网上，开发出了一个让用户能够浏览万维网上所有网页的工具，他们最终开发出了一个搜索引擎，并将其称为“谷歌”。

到 2004 年，谷歌“组织全世界的信息”的使命进展得很顺利，这就使其创始人拉里·佩奇（Larry Page）有暇回顾他的“初恋”——数字图书馆。令人沮丧的是，仍然只有少数书是数字形式的。不过，在那几年间，某些事情已经改变了：佩奇现在是亿万富翁。于是，他决定让谷歌涉足扫描图书并对其进行数字化的业务。尽管他的公司已经在做这项业务了，但他认为谷歌应该为此竭尽全力。

雄心勃勃？无疑如此。不过，谷歌最终成功了。在公开宣称启动该项目的 9 年后，谷歌完成了 3 000 多万本书的数字化，相当于历史上出版图书总数的 1/4。其收录的图书总量超过了哈佛大学（1 700 万册）、斯坦福大学（900 万册）、牛津大学（1 100 万册）以及其他任何大学的图书馆，甚至还超过了俄罗斯国家图书馆（1 500 万册）、中国国家图书馆（2 600 万册）和德国国家图书馆（2 500 万册）。在撰写本书时，唯一比谷歌藏书更多的图书馆是美国国会图书馆（3 300 万册）。而在你读到这句话的时候，谷歌可能已经超过它了。

长数据，量化人文变迁的标尺

当“谷歌图书”项目启动时，我们和其他人一样是从新闻中得知的。但是，直到两年后的 2006 年，这一项目的影响才真正显现出来。当时，我们正在写一篇关于英语语法历史的论文。为了该论文，我们对一些古英语语法教科书做了小规模的数字化。

现实问题是，与我们的研究最相关的书被“埋藏”在哈佛大学魏德纳图书馆（Harvard’s Widner Library）里。我们要介绍一下我们是如何找到这些书的。首先，到达图书馆东楼的二层，走过罗斯福收藏室和美洲印第安人语言部，你会看到一个标有电话号码“8900”和向上标识的过道，这些书被放在从上数的第二个书架上。多年来，伴随着研究的推进，我们经常来翻阅这个书架上的书。那些年，我们是唯一借阅过这些书的人，除了我们之外没有人在意这个书架。

有一天，我们注意到我们的研究中经常使用的一本书可以在网上看到了。那是由“谷歌图书”项目实现的。出于好奇，我们开始在“谷歌图书”项目中搜索魏德纳图书馆那个书架上的其他书，而那些书同样也可以在“谷歌图书”项目中找到。这并不是因为谷歌公司关心中世纪英语的语法。我们又搜索了其他一些书，无论这些书来自哪个书架，都可以在“谷歌图书”中找到对应的电子版本。也就是说，就在我们动手数字化那几本语法书时，谷歌已经数字化了几栋楼的书！

谷歌的大量藏书代表了一种全新的大数据，其有可能会转变人们看待过去的方式。大多数大数据虽然大，但时间跨度却很短，是有关近期事件的新近记录。这是因为这些数据是由互联网催生的，而互联网只是一项新兴的技术。我们的目标是研究文化变迁，而文化变迁通常会跨越很长的时间段，这期间一代代的人生生死死。**当我们探索历史上的文化变迁时，短期数据是没有多大用处的，不管它有多大。**

“谷歌图书”项目的规模可以和我们这个数字媒体时代的任何一个数据集相媲美。谷歌数字化的书并不只是当代的：不像电子邮件、RSS 订阅和 superpokes 等，这些书可以追溯到几个世纪前。因此，“谷歌图书”不仅是大数据，而且是长数据。

由于“谷歌图书”包含了如此长的数据，和大多数大数据不同，这些数字化的图书不局限于描绘了当代人文图景，还反映了人类文明在相当长一段时期内的变迁，其时间跨度比一个人的生命更长，甚至比一个国家的寿命还长。

“谷歌图书”的数据集也由于其他原因而备受青睐——它涵盖的主题范围非常广泛。浏览如此大量的书籍可以被认为是在咨询大量的人，而其中有很多人都已经去世了。在历史和文学领域，关于特定时间和地区的书是了解那个时间和地区的重要信息源。

由此可见，通过数字透镜来阅读“谷歌图书”将有可能建立一个研究人类历史的新视角。我们知道，无论要花多长时间，我们都必须在数据上入手。

数据越多，问题越多

大数据为我们认识周围世界创造了新机遇，同时也带来了新的挑战。

第一个主要的挑战是，大数据和数据科学家们之前运用的数据在结构上差异很大。科学家们喜欢采用精巧的实验推导出一致的准确结果，回答精心设计的问题。但是，大数据是杂乱的数据集。典型的数据集通常会混杂很多事实和测量数据，数据搜集过程随意，并非出于科学研究的目的。因此，大数据集经常错漏百出、残缺不全，缺乏科学家们需要的信息。而这些错误和遗漏即便在单个数据集中也往往不一致。那是因为大数据集通常由许多小数据集融合而成。不可避免地，构成大数据集的一些小数据集比其他小数据集要可靠一些，同时每个小数据集都有各自的特性。Facebook 就是一个很好的例子。交友在 Facebook 中意味着截然不同的意思。有些人无节制地交友，有些人则对交友持谨慎的态度；有些人在 Facebook 中将同事加为好友，而有些人却不这么做。处理大数据的一部分工作就是熟悉数据，以便你能反推出产生这些数据的工程师们的想法。但是，我们和多达 1 拍字节的数据又能熟悉到什么程度呢？

第二个主要的挑战是，大数据和我们通常认为的科学方法并不完全吻合。科学家们想通过数据证实某个假设，将他们从数据中了解到的东西编织成具有因果关系的故事，并最终形成一个数学理论。当在大数据中探索时，你会不可避免地有一些发现，例如，公海的海盗出现率和气温之间的相关性。这种探索性研究有时被称为“无假设”（hypothesis free）研究，因为我们永远不知道会在数据中发现什么。但是，当需要按照因果关系来解释从数据中发现的相关性时，大数据便显得有些无能为力了。是海盗造成了全球变暖吗？是炎热的天气使更多的人从事海盗行为的吗？如果二者是不相关的，那么近几年在全球变暖加剧的同时，海盗的数目为什么会持续增加呢？我们难以解释，而大数据往往却能让我们去猜想这些事情中的因果链条。

当我们继续收集这些未做解释或未做充分解释的发现时，有人开始认为相关性正在威胁因果性的科学基石地位。甚至有人认为，大数据将导致理论的终结。这样的观点有些让人难以接受。现代科学最伟大的成就是在理论方面。譬如，爱因斯坦的广义相对论、达尔文的自然选择进化论等，理论可以通过看似简单的原理来解释复杂的现象。如果我们停止理论探索，那么我们将会忽视科学的核心意义。当我们有了数百万个发现而不能解释其中任何一个时，这意味着什么？这并不意味着我们应该放弃对事物的解释，而是意味着很多时候我们只是为了发现而发现。

第三个主要挑战是，数据产生和存储的地方发生了变化。作为科学家，我们习惯于通过在实验室中做实验得到数据，或者记录对自然界的观察数据。可以说，某种程度上，数据的获取是在科学家的控制之下的。但是，在大数据的世界里，大型企业甚至政府拥有着最大规模的数据集。而它们自己、消费者和公民们更关心的是如何使用数据。很少有人希望美国国家税务局将报税记录共享给那些科学家，虽然科学家们使用这些数据是出于善意。eBay的商家不希望它们完整的交易数据被公开，或者让研究生随意使用。搜索引擎日志和电子邮件更是涉及个人隐私权和保密权。书和博客的作者则受到版权保护。各个公司对所控制的数据有着强烈的产权诉求，它们分析自己的数据是期望产生更多的收入和利润，而不愿意和外人共享其核心竞争力，学者和科学家更是如此。

出于所有这些原因，一些最强大的关于人类“自我知识”的数据资源基本未被使用过。尽管有关社会化网络的研究已经进行了几十年了，但几乎没有任何公开的研究是在Facebook上进行的，因为Facebook公司没有动力去分享他们的社会化网络数据。尽管市场经济理论已经有了几个世纪的历史，经济学家也无法访问主要在线市场的详细交易记录（莱文在eBay的研究只是一个例外）。尽管人类已经在绘制世界地图上努力了几千年，DigitalGlobe

等公司也拥有着地球表面的50厘米分辨率的卫星照片，但是这些地图数据从未被系统地研究过。我们发现，人们永无止境的学习欲望和探索欲望与这些数据之间的鸿沟大得惊人。这类似于数代天文学家们一直在探索遥远的恒星，却由于法律原因而不被允许研究太阳。

然而，只要知道太阳在那里，人们对它的研究欲望就不会消退。如今，全世界的人都在跳着一支支奇怪的“交际舞”。学者和科学家为了能够访问企业的数据，开始不断地接触工程师、产品经理甚至高级主管。有时候，最初的会谈很顺利——他们出去喝喝咖啡，随后事情就会按部就班地进行。一年后，一个新人加入进来。很不幸，这个人通常是律师。

如果要分析谷歌的图书馆，我们就必须找到应对上述挑战的方法。数字图书所面临的挑战并不是独特的，只是今天大数据生态系统的一个缩影。

n元词组词频查看器，用数据驱动未来

本书介绍的是我们7年来在量化历史变迁方面进行的探索。我们的研究成果包括一种看待历史变迁的新视角和研究语言、文化、历史的一种计量方法，这种方法奇特而迷人，我们将这些统称为“文化组学”（culturomics）。

我们将介绍我们使用文化组学方法观察出的结果，也将讨论n元词组（ngram）数据在揭示英语语法演变、词典如何犯错、人们如何成名、政府如何压制思想、社会如何记忆和遗忘，以及文化如何以一种确定性方式运转等方面的应用。另外，我们还将探讨如何使预测人类未来成为可能。

当然，我们还会介绍我们提出的新视角，使用谷歌构建的被称为“n元词组词频查看器”（Ngram Viewer）的一种新工具，至于为什么会将这个工

具取名为n元词组词频查看器，我们会在第2章进行介绍。自2010年发布以来，n元词组词频查看器绘制了不计其数的词频和观点随时间演变的图表。它就是我们开篇介绍的机器人历史学家。[①]它是一个勤奋的机器人，全世界有数百万各个年龄段的人在不分昼夜地使用它，都希望通过它来以一种新的方式去理解历史：绘制出未知领域的相关图表。

总之，本书介绍的是由一个机器人讲述的历史，通过数字透镜看到的人类历史。虽然在今天看来，n元词组词频查看器有些奇怪，但和几百年前的光学透镜类似，数字透镜正在日益普及。由于数字足迹持续延伸，每天都会冒出新的视角，揭示历史、地理、流行病学、社会学、语言学、人类学甚至生物学和物理学等未被人类了解的领域。世界正在发生变革，我们看待世界的方式也在发生变革，那么我们看待变革的方式呢？好吧，也在发生着变革。

① 你可以现在就动手试试，网址是 http://books.google.com/ngrams。

量化人文 一图胜千言?

1911 年，美国著名报人阿瑟·布里斯班（Arthur Brisbane）对一些市场营销人员说过一句著名的话，一幅图“相当于 1 000 个词”。或许相当于“1 万个词”，又或许相当于“100 万个词”（见图 0-2）？几十年来，这句话传遍了美国。布里斯班可能很恼火，因为这句话现在被认为是一句日本谚语。毕竟，他的听众是市场营销人员。

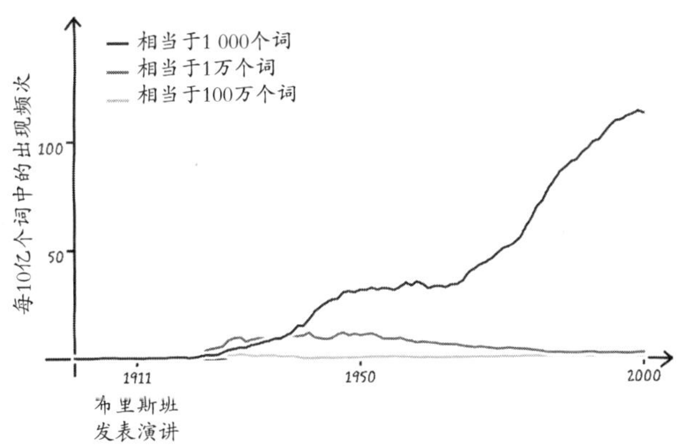

图 0-2　一幅图相当于多少个词

布里斯班实际上说了什么呢？我们的机器人不可能记录下这句话首次出现的地方。这里有一句日本谚语：

Big Data as a Lens on Human Culture

和人类说过的所有话相比，
谷歌扫描的书籍
不过是三行俳句而已。

不过，这个机器人可以帮助我们查看：布里斯班的标志性经济学理念是如何形成的。

事实表明，1 000 个词、1 万个词和 100 万个词，这些变种都是在布里斯班的著名评论之后很快出现的。在接下来的 20 年中，这三种形式相互竞争。起初，“1 万个词”取得了领先。然而，到了经济大萧条的 20 世纪 30 年代，人们或许觉得“1 万个词”和“100 万个词”的要价太高了吧？无论是什么原因，那些年过后，“一幅图相当于 1 000 个词”的表达方式渐渐成为主导，并将另外两个竞争者远远甩在了后面。

|第 1 章|

乔治·金斯利·齐夫与化石猎手

英语演进的全景式图谱

Big Data
as a Lens on
Human Culture

beautiful beautiful beautiful beautiful beautiful beautiful beautiful beautiful beautiful beautiful beautiful beautiful beautiful beautiful beautiful beautiful beautiful, beautiful, beautiful, beautiful, beautiful, beautiful, beautiful, beautiful," beautiful. beautiful. beautiful." beautiful...beautiful...

《传奇、词汇、唠叨的爱》(*Legendary, Lexical, Loquacious Love*)

1996年，概念艺术家卡伦·赖默（Karen Reimer）出版了《传奇、词汇、唠叨的爱》一书。这本书的写作方式很特别：她从一本爱情小说中抽出所有的词，然后按照字母顺序进行排列。对于小说中反复出现的词，她在这本书中也以同样的次数出现。

赖默的书没有语法，也没有句子，只是一个按照字母顺序排列的长达345页的词汇表。无论是看上去，还是读起来，都不像一本小说。实际上，这本书读起来毫无意义可言。

我们很少读爱情小说，赖默的这本书却是一个例外。它绝对是一本让人爱不释手的书，从头到尾都是那么引人入胜。该书开篇写道：

第 1 章

A

AAAAAAAAAAAAAAAAAAAAAAAAAAAAAAAAAAAAAAAAAAA

全书通篇都是以这种令人瞠目结舌的方式写成的，直到结束：

第 25 章

Z

zealous

全书共计 25 章，而不是 26 章，缺少了标题为 X 的章节，因为这部爱情小说没有包含以字母 X 开头的词。尽管爱情小说有可能是三级的（XXX），但却很少包含以 X 开头的词。

虽然《传奇、词汇、唠叨的爱》是这样的一本书，但却切切实实地反映了爱情小说的特点。例如，这本书很明显是关于女性的——“她的”（her）一词几乎占了 8 页（第 130~138 页），而“他的”（his）一词却只有两页半（第 141~144 页）。书中包含了半页篇幅的“眼睛”（eyes）一词、1/3 页的“乳房”（breasts）一词，却只有一行“臀部”（buttocks）一词。这本书偶尔有挑逗性的言语——在第 62 页出现了 3 次“高潮”（climaxes）一词。找来读吧，姑娘们。当然，这部小说也许是写给小伙子们的，不过我们还没看出有这个苗头。

有时候，这本书看起来有些肤浅。例如，“美丽的”（beautiful）一词出现了 29 次，而“聪明的”（intelligent）一词却只出现了一次。有些时候，我们还能够从中读出一些阴森的感觉。例如，在第 187 页上，赖默这样写道：

> Murderers murderers, murdering murdering murdering murdering murdering murdering murdering, murderous murderous. murders murders, murky murmur murmured.

多年来，我们反反复复地读这本书，每次都能从中发现一些有趣的信息。

这似乎有些不可思议。你可能会想，像赖默这样将一部爱情小说中出现的词按照字母顺序进行排列，小说本来的意义和趣味性岂不是统统被抹去了吗？某种程度上讲，的确如此。不过，**赖默的小说展现了一个未知的新世界：词频是构成一部小说的“原子”。正是词频及其所蕴含的意义使这部看似奇怪的小说读起来如此韵味十足。**

源起孩童式问题

2005 年，大数据还没有兴起。那时候，我们还没有想过能在瞬间阅读数百万本书。我们只是两个年轻的研究生，梦想着能够研究我们发现的最有趣的问题。

寻找有趣的问题需要一个适宜的环境。我们两人相遇于哈佛大学的演化动力学研究计划，那是由魅力非凡的数学家和生物学家马丁·诺瓦克缔造的一个科学创新殿堂。该计划将数学家、语言学家、癌症研究人员、宗教学者、心理学家和物理学家等汇聚一堂，他们一起思考认识世界的新方式。[①]诺瓦克鼓励我们，要研究自己认为最有趣的问题，而不必考虑这些问题是如何被发现的。

① 想要更多地了解诺瓦克的观点，请阅读《超级合作者》一书，本书简体中文版已由湛庐文化策划、浙江人民出版社出版。——编者注

什么是有趣的问题呢？目前还没有统一的认识。对我们而言，有趣的问题似乎是这样的：孩子们有可能会问的问题、没人知道如何回答的问题、通过几年的科学探索能够取得进展的问题等。对科学家而言，孩子是重要的思想源头，他们往往会问出一些看似浅显易懂却很深刻的问题。例如，“太阳晚上去哪儿了”“天空为什么是蓝色的”等这些问题会很自然地将人们的好奇心牵引到天文学和物理学的中心上去。而“树能长得像山一样高吗”“如果非常小心地避免发生意外，那我们能够一直活下去吗”这些问题则开启了现代生物学的一些重要研究课题。“为什么我要睡觉呢”这个孩子们时常会问起的问题仍然困扰着神经科学家们。

在这些孩子们的问题中，有一个问题让我特别感兴趣：为什么我们说“drove”而不说“drived”呢？

这个问题之所以激起了我们的兴趣，是因为它是一个深刻关系着人类文化的简单问题。作为一种文化，为什么我们使用某些词，而不使用其他一些词呢？为什么我们会有某种想法，而不是其他的呢？为什么我们遵循某些规则，而不是其他一些呢？

面对这样的问题，你会有两种可能的回答方法。第一种方法关注使某种事物处于某种方式的现实环境。按照这种方法，你可能会回答：“亲爱的孩子，你说‘drove’是因为其他人也这样说；而如果你说‘drived’，你的邻居们就会认为，你的父母没有费心教你正确的英语。”这的确是一个很好的答案，涉及社会规范的很多复杂问题，而那些问题是哲学家们数世纪以来一直苦苦思索的。但是，对于科学家们而言，采用一种长远视角来思考这个问题或许会更有启发性。

毫无疑问，科学史上采用长远视角思考问题的经典人物是查尔斯·达尔文。150多年前，达尔文参加了一次远洋航行，在途中，他见识了各种各样的物种。他开始对自己在加拉帕戈斯群岛（Galápagos Island）看到的一些鸟类感到好奇：为什么这些雀类的嘴长成那个样子呢？或者更宽泛地讲，所有的生物为什么是现在这个样子呢？

达尔文接下来所做的事情非常具有远见。他没有选择仅关注于眼前，而是采用了一种长远的视角。达尔文问了自己这样一个问题：事物是如何随着时间演变成现在这个形态的？达尔文推测，如果想理解现在的世界，我们就必须理解世界演变成当前形态的过程。这个演变过程也就是达尔文的奠基性发现，包括繁殖、变异、自然选择3个组成要素，它们共同解释了现实世界的物种多样性，而这就是进化论。

如果你采用长远视角来思考，“为什么我们说‘drove’而不说‘drived’”这个问题的回答，就变成了一个寻求人类文化演变动力的科学探索过程。长久以来，我们甚至不知道从何开始探索这一演变动力。我们所拥有的只是一个孩童式的问题。

恐龙猎手

作为科学家，我们需要搜集数据——冰冷的事实和精确的测量结果。我们还需要提出清晰的假设，然后通过决定性的实验和果断的分析去努力验证所提出的假设。从这个角度来看，文化难以被定义，更难以被测量，它是一块难啃的硬骨头。这便是诸如人类学等领域的科学研究面临巨大挑战的原因，也在一定程度上解释了美国人类学会（American Anthropological Association）在2010年打算从其宗旨中删掉“科学”一词的原因（后来又恢复了）。

我们决定从语言这一文化的一个狭义方面开始研究，因为语言定义和测量起来要容易得多。作为人类文化交流的主要载体，语言是文化的一个很好的缩影。还因为语言在不断地进化，莎士比亚戏剧的观众们一定非常清楚这一点。又因为语言通常被写下来，并以这种形式为科学分析提供了方便的数据集。所以，**书面语言成了大数据最早的祖先之一。**

我们该如何探索语言的演化呢？在生物学上，理解生物演化的最好方式是研究化石。但是，寻找化石是很困难的，需要细致的规划和良好的策略。如果你打算研究如何寻找化石，那你一定能从纳森·梅尔沃德（Nathan Myhrvold）那儿学到一些经验。梅尔沃德是他那个时代最伟大的恐龙化石猎手。他是一个多才多艺的人，创建了微软研究院，还写过有关现代烹饪艺术的书。梅尔沃德并非比其他人更幸运，他碰到的所有白色石头也不都是霸王龙的头骨。梅尔沃德及其团队凭借详细的地质图、卫星图像以及对霸王龙生态学的细致分析来判断合适的探索地点——白色石头最有可能是化石的地方。结果，自 1999 年以来，他们已经找到了 9 个霸王龙骨架，而在此之前的 90 年间，人们总共才找到了 18 个。正如梅尔沃德所言，他们主宰了霸王龙市场。

我们则希望能够主宰语言化石的市场。就像恐龙化石能够告诉我们生物演化一样，语言化石可以帮助我们理解语言演化。但是，如果我们希望尽可能地找到这样的语言化石，就需要一些指导原则来帮助我们弄清楚从哪里开始挖掘。实际上，我们需要的指南针在 80 年前就已经由一位像我们一样热爱数数的人创造出来了。

1937，数据史诗

20 世纪三四十年代，乔治·金斯利·齐夫（George Kingsley Zipf）是哈佛大学德国文学系的系主任。他精通多项技能，例如定量分析。

作为作家，齐夫大部分时间都在思考语言。对齐夫而言，很明显的是，并非所有的词都是“生而平等的”。人们经常使用“the”①，却很少说“quiescence”②一词。齐夫觉得这种不均衡令人费解，希望能够理解其中的缘由。

齐夫的这个问题可以表述如下：如果把英语这门语言想象成一个国家，将每个英语单词想象成其中的公民，而每个公民的身高正比于其对应的词的出现频次，那么“the”是一个巨人，而“quiescence”则是一个侏儒。生活在身高分布如此奇怪的世界中将是什么样的呢？这个孩童式的问题正是齐夫所感兴趣的。

为了描绘出这个“词汇世界”的样子，齐夫需要对所有词进行普查，数出每个词的出现频次。今天，这是很容易计算的，只需要一行计算机命令就能完成。这就是为什么前面提到的概念书《传奇、词汇、唠叨的爱》并没有耗费几十年时间才写成的原因。但是，回到 1937 年，那个时候没有什么东西是容易计算的。当时，现代计算机还不存在，“computer”一词也仅仅对从事运算工作的人才有意义。

如果齐夫想数出词的出现频次，就不得不按照传统的方式进行，用笔逐个记下每个词的出现频次。当然，这是一件枯燥得让人抓狂的事。

当齐夫发现迈尔斯·汉利（Miles L. Hanley）教授所做的一项工作时，他一定欣喜若狂。爱尔兰作家詹姆斯·乔伊斯（James Joyce）有一本名为《尤利西斯》（*Ulysses*）的著作。作为该著作的忠实读者，汉利曾经出版过一本记叙性书籍，他还给这本书起了一个相当枯燥的书名《詹姆斯·乔伊斯著作

① 2000 年，英文书中平均每 100 个词中出现 4.6 次“the”。

② 2000 年，英文书中平均每 500 万个词中出现两次“quiescence”。

〈尤利西斯〉的词索引》(*Word Index to James Joyce's Ulysses*)。这本书是汉利经过艰苦努力才完成的，其体裁在学术上被称为“术语索引”，汉利希望研究《尤利西斯》的学者和爱好者能通过这本书查到该书中任意一个词的出处。对于齐夫而言，没有什么书比这本更让他兴奋的了。为了回答自己思考的问题，齐夫需要做的只是将汉利的索引拿过来，数一下每个词索引项的长度即可。这比记录每个词的出现频次要容易得多。

需要注意的是，齐夫当时已经掌握了现今的科学家和人文学者刚学到的技能——如何理解数据，这远远领先于他所处的那个时代。齐夫利用得到的数据对他所关注的问题进行了巧妙的组织。他没有去数所有的词，这在当时几乎不可能完成，转而去求解一个可行的问题——数《尤利西斯》这本书中的词。如果他生活在今天，在谷歌宣布启动图书数字化项目时，齐夫一定会立刻登门拜访。

UNCHARTED
文化中的大数据

有了汉利的索引，齐夫将《尤利西斯》一书中的词按照出现频次进行了排序。第一位由“the”占据，该词的出现频次是 14 877 次，相当于每 18 个词中出现一次。频次排在第 10 位的词是“I”，出现了 2 653 次。“say”出现了 265 次，排在第 100 位。“step”出现了 26 次，在齐夫的排序表中排在第 1 000 位。排在第 10 000 位的词是“indisputable”，仅出现了两次。

当齐夫查看他的排序表时，他注意到了一个有趣的现象：词在表中的位置和它的出现频次之间存在着一种逆相关。词的排序每升高 10 倍，譬如，从第 50 位到第 500 位，其出现频次则会下降到原先出现频次的 1/10。例如，排在第 8 位的“his”一词，其出现频次是 3 326 次，是排在第 80 位的“eyes”的 10 倍，“eyes”的出现频次是 330

> 次。换一种方式来理解，出现频次低的词的个数要比我们想象的多得多。在《尤利西斯》一书中，只有10个词的出现频次超过了2 653次。但是，出现频次超过265次的词有100个，而出现频次超过26次的词有1 000个，依此类推。

齐夫很快发现，这个现象不仅出现在乔伊斯的《尤利西斯》一书中，也适用于报纸上的报道以及由中文和拉丁文等语言书写的文字及所有他见到过的文字。今天被称为“齐夫定律”（Zipf's law）的这一发现，后来被证实是一种所有已知语言的普适组织原则。

幂率，引爆词汇世界新常态

在齐夫之前，科学家们认为，大多数能够测量的事物的表现形式都和人类的身高类似。

人类的身高普遍差异不大。在美国，90%的成年人身高介于1.5米和1.9米之间。没错，一些篮球运动员身高可能高达2.3米，而世界上最矮的成年人身高不足0.6米。但是，这两种极端情形非常少见。即使算上这些极端情形，人的最高身高也只有最矮身高的4~5倍。对于这种大部分数值紧密聚集在均值附近的常见分布，数学家将其称为“正态分布”。在齐夫之前，人们认为，我们生活在一个正态世界里，所有的事物都是正态的（见图1-1）。

然而，**词汇世界远不是正态的，词的出现频次遵循着一个特殊的、看上去很奇怪的数学模式（见图1-2）。今天，科学家们将其称为“幂率分布”**（power laws）。令人吃惊的是，在齐夫从语言中发现第一个幂率之后，他很快在许多领域都发现了此类分布规律。

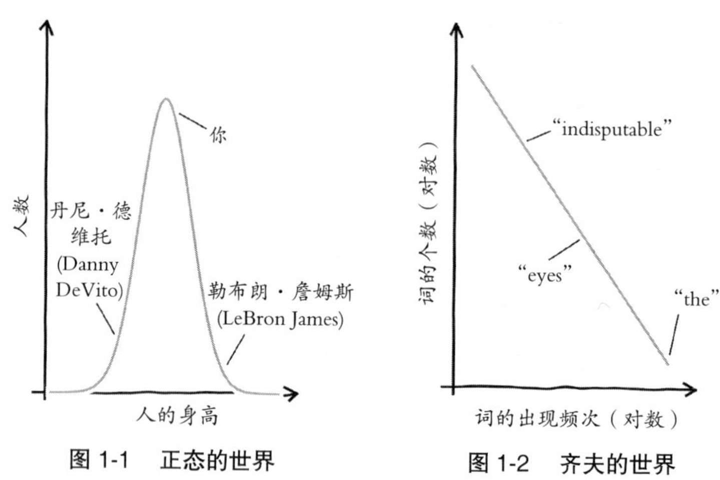

图 1-1　正态的世界

图 1-2　齐夫的世界

例如，齐夫发现，财富和收入的分布呈幂率分布。假如人的身高和银行存款数成正比，美国普通居民身高 1.74 米，那么比尔·盖茨的身高就会超过月亮。①《大英百科全书》中的文章长度也遵循着幂率分布，报纸的流通率也如此。在齐夫之后，科学家们发现了数千个其他例子：城市的规模、姓氏的出现频次、战争伤亡人数、演出结束后的鼓掌时长、人们在 Facebook 和 Twitter 上的受欢迎程度、动物的食量、网站的访问量、细胞中蛋白质的丰度、人体中细胞的丰度、生态系统中物种的丰度、瑞士奶酪上洞的大小等。甚至发生电力故障的时长也遵循着幂率分布，幂率分布在这种情况下或许可以被称为“停电”法则。

尽管齐夫的发现是革新性的，但这一无所不在的定律的成因却仍然不清楚。齐夫本人认为，幂率分布之所以存在，是因为它是最高效的。

① 据美国 2010 年的普查，除去房屋净值，美国家庭净资产的中值是 1.5 万美元。2010 年 3 月，福布斯榜估计，比尔·盖茨的净资产是 530 亿美元。因此，在我们分析的情况中，盖茨身高大约 6 007 千米。比冥王星（直径 2 390 千米）、水星（直径 4 879 千米）和月亮（直径 3 474 千米）要高出很多；和火星（直径 6 792 千米）差不多高。如果将房屋净值算进来，美国家庭净资产的中值是 66 740 美元，此时盖茨身高 1 350 千米，仍然高于冥王星高度的一半。

有些人指出，大的东西更容易变得更大，这就是科学家们称为“富者愈富”的过程。数学上，人们已经证明，“富者愈富”这一过程的确可以产生各种幂率分布。例如，认识的人越多，越容易认识更多的人。因此，在齐夫的世界里，随着时间的推移，起初比较受欢迎的人会越来越受欢迎。而规模较大的城市会吸引更多的人移居，使城市大小遵循着幂率分布。另一种解释是，在计算机键盘上随机敲打的猴子最终敲出的“词”（空格分开的字符串）的出现频次呈幂率分布。

通常而言，每个幂率分布都有多个不同的解释。多种解释的并存可能也反映了这样一个事实——科学家们还没有真正理解幂率分布的成因。

姑且不论幂率分布的成因，其的确很好地描述了很多自然现象和社会现象。得益于汉利对小说《尤利西斯》的狂热爱好，德国教授齐夫引发了一场革命，最终改变了很多社会科学中的定量研究现状，其影响涉及生物学、物理学，甚至数学。齐夫的幂率分布成为了“新常态”。

过于齐夫与否

齐夫定律只是我们寻找语言进化遗迹所需的一块试金石。事实上，一切语言都遵循着齐夫定律：名词、动词、形容词、以字母 m 开头的副词、专业词汇、押韵词等。因此，如果你碰到了某个不符合齐夫定律的事物，那是很值得怀疑的。就像探索化石的场所出现的与周围环境颜色迥异的白色石头一样，语言中的某种不遵循幂率分布现象很可能是其进化的一块化石。

UNCHARTED
文化中的大数据

这解释了我们为什么深深着迷于那个孩童式的问题：我们为什么

> 说“drove”而不说“drived”呢?
>
> 实际上,“drove”属于某一类英语词汇,这类词被称为“不规则动词”。不规则动词非常奇怪。如果它们像其他类型的词一样也遵循幂率分布,那么你就会发现人们通常很少使用它们。然而,几乎所有的不规则动词都是很常见的。虽然只有 3% 的动词是不规则的,但人们使用最频繁的 10 个动词都是不规则动词。简单地说,不规则动词很明显是齐夫定律的一个例外。它们正是我们一直在寻找的东西,如同通过统计手段轻易地定位霸王龙骨架位置一样。

哪些是不规则动词呢?它们和齐夫定律的差异在哪里?对语言进化又意味着什么呢?

少数派的荣耀

乍一看,英语动词的词形变化非常简单。英语动词的过去式只需要在动词原形后面加一个后缀“-ed”,例如,jump 变成 jumped。几十万个动词都遵循着这样一个简单的规则。人们似乎默认新产生的英语动词也遵循这个规则。我之前从来没有听说过“flamboozing”。但是我知道如果你昨天进行了 flambooze,我们就会说你昨天“flamboozed”。

让很多学习英语的人头疼不已的是那些讨厌的不规则动词。例如,动词 know,它的过去式不是 knowed,而是 knew。不规则动词总计大约 300 个,语言学家有时候称它们为“强动词”(strong verbs)。不规则动词包括英语中最常使用的 10 个动词:be/was、have/had、do/did、say/said、go/went,get/got、make/made、know/knew、see/saw、think/thought。人们使用不规则动词非常频繁。**每当你说出一个动词时,它有 50% 的可能是不规则动词。**

不规则动词从何而来呢?说来话长。大约在 6 000~12 000 年前,人们说的还是一种被现代学者称为“原始印欧语”（Proto-Indo-European）的语言。很多现代语言都起源于原始印欧语，包括英语、法语、西班牙语、意大利语、德语、希腊语、捷克语、波斯语、梵语、乌尔都语、印地语以及数百种其他语言。在原始印欧语中，存在着一种被学者们称为“元音变换”（ablaut）的操作方式——按照固定的规则变换元音可以将一个词变换成另一个相关的词。英语中，这种元音变换的方式仍然适用于不规则动词的形式变换。

这里是一些形式变换的例子。当我们说到唱歌时，今天“唱歌”使用 sing，昨天“唱歌”使用 sang，一支歌“被演唱”则使用 sung。类似地，今天“按铃”用 ring，昨天“按铃”用 rang，“铃声响起”用 rung。另外，还有一些其他的变换形式：今天“坚持”用 stick，昨天“坚持”则用 stuck；今天“挖掘”用 dig，昨天“挖掘”则用 dug。**当这些词形变化规则消亡之后，这些动词就变成了化石。我们称这些化石为不规则动词。**

什么样的“语法小行星”让这些词形变化的古老规则消亡，仅留下一些诸如不规则动词这样的“干骨头”呢？

这颗小行星就是所谓的“齿音后缀”（dental suffix），在现代英语中写作“-ed”。使用“-ed”标识过去式的方式出现于原始日耳曼语中，这是公元前 500~公元前 250 年间斯堪的纳维亚地区人们使用的语言。

原始日耳曼语是所有现代日耳曼语言的祖先，包括英语、德语、荷兰语和许多其他语言。原始日耳曼语是原始印欧语的后裔，因此继承了动词词形变化的元音变换模式。大部分动词都能遵循这些规则。然而，当一些新的动词进入语言中时，有些动词却不能适用于任何一个元音变换模式。因此，原始日耳曼语的使用者们发明了一种新的方式：通过添加后缀“-ed”将这些不符合规则的新动词变成过去式。在原始日耳曼语中，规则动词才是例外。

但是，这种情况并没有持续很久。使用齿音后缀标识过去式是一项伟大的发明，它迅速地普及开来。和任何颠覆性技术一样，这种新规则最初是一种边缘化的规则，仅仅用于那些不适用于老规则的特例。然而，这种新规则在站稳脚跟之后，并没有停下脚步。因为齿音后缀简单且容易记忆，所以它逐渐被应用于越来越多的动词词形变换上，起初采用古老的元音变换规则的动词开始转向新规则。

因此，约 1 200 年前，当古英语经典著作《贝奥武夫》(*Beowulf*) 完成时，超过 3/4 的动词遵循了这个新规则。原始的元音变换规则逐渐消亡，蒸蒸日上的新规则“-ed”逐步将所有动词纳入其势力范围。在随后的 1 000 多年中，越来越多的不规则动词退出了历史舞台。1 000 年前，如果说“我原本要帮助你的”，需要用 holp；今天，我们则会使用动词 helped。

今天的语言学家将上述语言进化过程称为“规则化”。这个过程目前仍在进行，譬如 thrive。大约 90 年前，《纽约时报》的头条新闻写道：“Gambling Halls Throve in Billy Busteed’s Day。”但是，2009 年《纽约时报》科学版上一篇文章的标题则为“Some Mollusks Thrived After a Mass Extinction”。和幸运的名词 mollusks 不同，动词 throve 成为了元音变换规则大量消亡的牺牲品。**历史潮流无法倒退，这些动词一旦规则化，就无法再回到不规则形式。越来越多的不规则动词转变成了规则动词，规则动词则成了主流。**

就像温泉关战役（Battle of Thermopylae）中的 300 名斯巴达勇士一样，英语中的不规则动词——300 个“强壮”的动词还在毅然决然地奋战于这场从公元前 500 年开始的针对不规则动词的残酷屠杀。这是一场每天都在上演的战斗，在使用英语的每座城市、每座小镇、每条街道上陆续上演，残存的不规则动词已经战斗了 2 500 年，它们不仅仅是例外，而且是幸存者。

它们幸存的过程正是我们打算研究的过程——语言进化。

2005，另一个数据史诗

为什么有些不规则动词消亡了，而有些却保留了下来呢？为什么 throve 没能继续留存，而 drove 还没有消失呢？

对于不规则动词为什么有如此高的出现频次，语言学家们已经有了一些想法。他们推测，越不常见的不规则动词就越难记忆，也就越容易被遗忘。正因如此，不常见的不规则动词（譬如 throve）要比频繁使用的不规则动词（譬如 drove）消失得快。随着时间的推移，使用频次较低的不规则动词掉队了，而从整体上看，人们似乎更频繁地使用不规则动词了。

语言学家们的上述假设让我们感到很兴奋。这表明，**不规则动词正在经历着自然选择般的进化过程**。根据齐夫定律，为什么不规则动词大多被人们频繁使用，而其他类型的词却包含着大量的不常用词呢？以“贪得无厌”的“-ed”规则进行的自然选择为常见词赋予了演化优势。**越是被人们频繁使用的动词，在语言进化过程中生存下来的可能性就越大。**

截至目前，这是我们了解到的有关人类文化自然选择的最简洁的解释。齐夫的“指南针”指引我们找到一个迷人的问题：语言学家们的这一解释能够被严格的检验所证实吗？倘若果真如此，那么它就简单地阐明了人类文化是如何按照自然选择的方式进行演化的。和齐夫一样，我们现在需要做的就是去寻找数据，并对其进行验证。

为了辅助我们的研究，我们在哈佛学院（Harword College）招募了两个非常聪明的大学生：乔·杰克逊（Joe Jackson）和蒂娜·唐（Tina Tang）。理想情况下，我们希望乔和蒂娜能够阅读完所有英文书，记录下不规则动词的出现频次。不过，他们希望自己能够在 4 年内完成大学学业。作为博士生，我们很少考虑毕业的事情，因此我们必须寻求其他办法。

很幸运，乔和蒂娜从齐夫的故事中学到了很多经验。他们偶然间找到了一种替代方法。这种方法不再需要阅读完所有的书，而只需要阅读历史上的英语语法教科书就可以了。例如，中世纪英语的语法教科书肯定会讨论和频繁地提及不规则动词，兴许会给出不规则动词的一张相关列表。通过阅读图书馆里每一本英语语法教科书，我们或许就能够很好地掌握历史上各个时期的不规则动词。这些语法教科书对我们的作用和《尤利西斯》对齐夫的作用一样。

当然，这说起来容易做起来难。乔和蒂娜做了很多个月的细致工作——阅读古英语[①]和中世纪英语[②]的教科书。他们从古英语中找到了 177 个不规则动词，每个都能追溯到 1 000 多年前。通过这张跨度 1 000 年的时间快照，我们可以观测语言是如何变化的。

伴随着古英语演变到 4 个世纪后的中世纪英语，这 177 个不规则动词只剩下了 145 个，另外 32 个变成了规则动词。在中世纪英语演变到现代英语的过程中，不规则动词仅剩下了 98 个，虽然人们仍然在使用其他 79 个动词，但是它们的形式发生了变化，譬如动词 melt。

在这些不规则动词经历自然选择的过程中，有一个明显的不均衡现象——人们使用最频繁的 12 个动词没有一个变成了规则动词，它们在这 12 个世纪中经受住了来自“-ed”规则的压力。在不规则动词列表的另一端，情形则完全不同。在人们使用最不频繁的 12 个动词中，有 11 个变成了规则

① 譬如，约公元前 800 年的《贝奥武夫》中使用的语言。
② 譬如，12 世纪左右英国文学之父乔叟使用的语言。

动词，包括 bide 和 wreak。唯一一个没有变成规则动词的是 slink，这个词通常用于描述平静的消失过程。

大数据透镜 UNCHARTED

数据已经发话了：某种类似于自然选择的东西正影响着人类文化，还在动词上留下了“指纹”。出现频次对于不规则动词的存活有着非同寻常的重要影响，在不规则动词向规则动词演变的过程中，不规则动词被分成了两类：一类诸如 mourn/mourned；一类诸如 fit/fit。

适者生存

在生物学中，说明针对某种生物特性的自然选择是否正在发生，要比测量该生物特性和其演化适应度之间的精确关系要容易得多。换句话说，我们很容易就能说出是否有风，但要说出风的强度却难得多。这是因为我们缺少对适应度的估计，我们所知道的是，哪些变化是生物演化所喜欢的，却无法弄清楚这些变化需要多久才能成为现实。

不规则动词和典型的生物演化不同。在生物学中，计算单个生命体的适应度需要考虑数千种甚至数百万种生物特性。很明显，**不规则动词的适应度只有一个决定因素——出现频次。这一点意义重大，因为我们有可能可靠地估计出不规则动词的消失速度。**

在对此进行深入探讨之前，我们先回顾一下科学中最出名的“隐身术”——放射理论。

放射性物质广泛应用于发电核反应堆、医学成像系统和原子弹等。它的原子会随着时间不断衰变成稳定的非放射性原子。因此，放射性物质时刻处于消失的过程中，在衰变过程中以电磁波的形式释放能量。放射性物质因此而得名。

半衰期是放射性物质最重要的性质。它是指放射性物质有一半的原子完成衰变所需要的平均时长。假如某种放射性物质的半衰期为一年，那么起初有 10 亿个原子的物质，一年后仅剩下 5 亿个原子，另外一半衰变成了其他物质；两年后剩余 1/4—— 一半的一半；3 年后就只剩下 1/8；如此类推。

UNCHARTED 文化中的大数据

在考察不规则动词向规则动词的演变时，我们发现，一旦把出现频次考虑在内，从数学的角度讲，动词的规则化过程就与放射性物质的衰变过程别无二致。而且，只要知道一个动词的出现频次，我们就可以通过公式计算它的半衰期，这一点意义非凡。对于放射性原子而言，其半衰期通常不可能被直接计算出来，而是需要通过实验进行测量。因此，和放射性原子相比，放射理论的数学应用更适用于不规则动词。

半衰期的公式简单而神奇：**动词的半衰期正比于其出现频次的平方根。**如果某个不规则动词的出现频次是另外一个出现频次的 1%，那么前者的规则化速度则会 10 倍于后者。

例如，出现频次介于 1% 到 1‰之间的动词，像 drink 或者 speak，半衰期大约是 5 400 年，和考古断代中最常使用的同位素碳 14 的半衰期大致相当——5 715 年。

时间旅行者的窘境

一旦计算出不规则动词的半衰期，我们便可以对它们的未来进行预测。根据上述分析，我们可以预测，当 begin、break、bring、buy、choose、draw、drink、drive、eat、fall 中有一个动词变成规则动词时，bid、dive、heave、shear、shed、slay、slit、sow、sting、stink 中已经有 5 个动词变成了规则动词。如果这个趋势持续下去，目前的 177 个不规则动词，到 2500 年只有 83 个还会保留下来。

我们对此感到非常兴奋，所以将这一预测编成了下面这样一段故事：

> 他来自 26 世纪，受过良好的教育。因此，当别人说他的语法“差劲”（stunk）时，他深深受到了伤害。此时，时光旅行者会纠正道：“不是 stunk，而是 stinked。”

如果你近期有时光旅行的计划，那记住上面这个故事对你的旅行将是有益的。

我们也能够预测特定动词的命运。数千年后，在我们今天使用的这些不规则动词中，有哪些会放弃当前的元音变换方式，转而采用更新的变换方式（-ed）呢？答案是目前出现频次最低的不规则动词 wed/wed。实际上，wed/wedded 已经出现在很多出版物中了。现在是我们使用 newly-wed 来表达新婚之意的最后机会了，未来的新婚夫妇只能收到写有“wedded”的祝辞了。

现在，我们可以回答那个引导我们开启语言进化之旅的孩童式问题了。

UNCHARTED

文化中的大数据

为什么我们说“drove”而不说“drived”呢？

我们仍然说 drove，尽管我们放弃使用 thrive 等其他不规则动词的原因是，人们使用 drive 比 thrive 更频繁。像 throve 这样的不规则动词，变成规则动词的可能性是 drove 这类动词的 5 倍。当然，只要英语继续发展下去，drove 也终将会消失。我们预计，大约 7 800 年后，drove 最终也会消失。而在此之前的很长时间内，孩子们将继续对 drove 感到好奇。

约翰·哈佛闪亮的鞋子

哈佛园的中央矗立着一尊约翰·哈佛（John Harvard）的雕像，目的是纪念他光辉的一生。古铜色的雕像看上去有些灰暗，但其左脚上的鞋子却是一个例外，似乎总是那么闪亮。出于某种原因，对于来哈佛园游览的游客而言，必做的一件事就是拍一张右手搭在约翰·哈佛左脚鞋子上的照片。

为什么约翰·哈佛的鞋子如此闪亮呢？大部分人认为，起初，包括鞋袜在内的整个雕塑都是古铜色的，是数千位游客的手让这只鞋子逐渐变得光亮起来。

然而，铜本身就是一种有光泽的金属。一个世纪之前，这尊雕像在建成之时，和其他铜质雕像一样闪闪发光。但随着时间的推移，由于天气、人工修复甚至出于设计者的考虑等种种原因，雕像的表层逐渐被锈蚀，光泽渐渐褪去。只有那只鞋子还保留着金属的光泽，这归功于数千位游客频繁的触摸。

不规则动词也是如此。在最初碰到这些动词时，你会好奇，这些奇怪的形式是怎么出现的呢？实际上，不规则动词在今天所遵循的模式和它们在很多个世纪以前遵循的模式是完全一样的。**随着语言的演变，人们的频繁使用使它们免于“锈蚀”**。可见，这些不规则动词是演化过程中留下的化石，而我们才刚刚开始理解它们是如何成为化石的。今天，我们把这些动词之外的动词称为规则动词。然而，规则性并非语言的初始状态，这个新确立的规则是那 1 000 多个例外的墓碑。

词典与索引

为詹姆斯·乔伊斯的著作《尤利西斯》创建词索引无疑是一项创举，这体现了对细节持之以恒的关注。当其于 1937 年出版时，只有最重要的书才有索引。不过，索引有着悠久的光辉历史。例如，最古老的《希伯来圣经》索引——《马所拉》(*Masorah*)，可以追溯到 1 000 年前。

> 1946 年，情况发生了变化。那一年，牧师罗伯托·布萨（Roberto Busa）提出了一个伟大的设想。布萨是一名研究神学家托马斯·阿奎那（Thomas Aquinas）的学者，他希望能有一本关于阿奎那著作的词索引以帮助他开展研究。那时，计算机技术刚刚出现。布萨认为，可以将书的原始文本直接输入计算机中，以一种新的方式来创建词索引。于是，他带着这个想法来到 IBM 公司。当对方听完他的讲述之后，决定支持他。在 IBM 公司的大力帮助下，30 年后，布萨的计划最终实现了：不朽著作《托马斯著作索引》(*Index Thomisticus*）于 1980 年问世。

学术界总是充满了传奇色彩，和汉利的索引类似，布萨的索引最终催生了一个新的领域：数字人文学（digital humanities）。它主要关注如何将计算机应用于传统的人文学科，诸如历史和文学。

尽管上述词索引有着非凡的影响，但它们却是词索引的绝唱。不久后，日益强大的现代计算机使得创建这样的词索引只需要一行代码，既简便又能在瞬间完成运行。赖默在她所著的概念书《传奇、词汇、唠叨的爱》中，对词索引只给了一个简短的致谢。这本书本质上也是一种词索引，不过只记录了词的出现频次，而没有记录它们出现的页码。今天，学者们很少再继续建立新的词索引了。毕竟，一台廉价的台式机就能瞬间完成对一段长文本的搜索，记录下某个词的出现频次。从表面上看，词索引的时代似乎已经结束了。

然而，如果揭开现代技术的面纱，那你可能会大吃一惊。

大数据透镜 UNCHARTED

当今世界，人类有史以来最强大的信息检索工具——搜索引擎正时刻运转着。什么是搜索引擎？搜索引擎的核心包括一个词列表和每个词所出现的网页。隐藏在那些白色搜索框背后的是大量数字化的词索引。

布萨之后，索引未死，而是接管了整个世界。

数一数玫瑰的花瓣

齐夫是一个伟大的人，颠覆了很多领域，而这些领域大多数和齐夫的专长并不相关。从语言学到生物学，再到城市规划，甚至与奶酪有关的物理知识等，科学家们一直都在接受齐夫的馈赠。就我们的工作而言，齐夫为我们解开语言进化的秘密提供了线索。

是什么成就了这位古怪的德国文学研究者的？或者科学地讲，是什么让他如此地具有洞察力和远见卓识？

对于这个问题，认知心理学的奠基人之一乔治·米勒（George Miller）进行过认真思考，他曾经这样评价齐夫：他是那种将玫瑰花拆开数花瓣的人。表面上看，这不像是恭维话。齐夫真的如此着迷于数数，而不懂欣赏花之美丽吗？

当然不是。齐夫是一位杰出的文学研究者，一个对文学的美和力量有着深刻理解的人，一朵盛开的文学天才之花。那么，是什么使齐夫与众不同的呢？或许他没有沉迷于花的美丽，而是在探索其他欣赏花的方式？其中一种方式就是将花拆成花瓣。

在齐夫之前，人们只是逐行逐页地读书、理解和思考。与欣赏玫瑰花一样，人们将书作为一个整体进行欣赏。汉利的索引虽然方便了齐夫的探索，但是他构建这种索引的初衷只是为了更方便地开展传统阅读。

齐夫古怪的思考方式为我们提供了一种认识书籍的全新概念。这体现了他非同寻常的直觉——**读书存在着其他方式：把文本拆分成字词，然后通过分析文本的“花瓣”来寻找图书背后的数学原理。**

在过去的一个世纪中，科学家们沿着齐夫的开创性思考方式不断前行。当完成对动词的分析时，我们自豪地宣称：我们也快赶上齐夫的脚步了。实际上，我们过于关注不规则动词而未能真正领略到齐夫方法的精妙。

改变随之而来。毕竟，通过对一些花朵的拆解，齐夫已经让我们看到了一个震惊全人类的科学领域。现在，谷歌将图书馆的藏书一本接一本地数字化。显然，我们希望尝试齐夫做过的事情，所不同的是，我们希望拆解所有的花朵。

量化人文 是 burnt，还是 burned？

一个年轻的法国人在自己的国家中学习英语。他注意到，英语中有些动词的过去式在拼写上很独特。这些“淘气”的动词在教科书中被单独列为一节，甚至和其他不规则动词互相隔离。找到所有这样的词是一件苦差事，不过他仍坚持不懈地去记住它们——它们的过去式是通过在结尾处添加“-t”转换而成的，不同于传统的添加“-ed”的方式。

当他来到美国时，他对自己的英语水平非常自信。而当他读到伦敦奥运会的新闻报道时，他惊奇地发现，《华盛顿邮报》的新闻头条却这样写道：“Burned-Out Phelps Fizzles in the Water against Lochte”。可是，每个法国人在学习英语时都知道，burn 是一个不规则动词。他认为，要说著名游泳运动员迈克尔·菲尔普斯感到疲惫不堪，应该用 burnt，而不是 burned-out。难道美国的报社里没有文字编辑吗？

几天后，他从《洛杉矶时报》上看到了另一个令人沮丧的新闻头条“Kobe Bryant Says He Learned a lot from Phil Jackson”。尽管他对菲尔·杰克逊（Phil Jackson）一无所知，但是却对篮球明星科比说他“从菲尔那里学到了很多东西”感到很吃惊，因为他觉得科比在说“学到”一词时应该使用 learnt。

渐渐地，他意识到所有的美国人在使用这个语法规则时都犯着同样的错误。他知道，大部分美国人在说法语时听上去都很滑稽。然而，从教科书的角度看，美国人在说他们的母语时居然也会如此糟糕。他开始有所怀疑了。

非常幸运的是，他想到了一个新的视角，他的疑惑就此打消了：在法国学习英语时，费尽心力记住不规则动词根本是在浪费时间。为此，他感到很不安。

这是怎么回事？动词 burn/burnt、dwell/dwelt、learn/learnt、smell/smelt、spell/spelt、spill/spilt、spoil/spoilt 都具有类似的模式，在英语学习者看来，这些词可以被归为一类。它们长期以来就是不规则动词，而其不规则所持续的时间要比根据单个词出现频次估计出的持续时间还要长。

这些动词在很多教科书中仍然被列为不规则动词。但是，在现实中，曾经的不规则动词联盟破裂了。联盟的两个成员 spoil 和 learn 在 1800 年左右变成了规则动词。在那之后，另外 4 个词也变成了规则动词，它们分别是 burn、smell、spell 和 spill。

结果表明，这个变化趋势起源于美国。但是，这一趋势已经开始在英国普及，每年从使用 burnt 转向使用 burned 的人数相当于英格兰剑桥地区的人数。今天，上述举出的具有类似模式的动词中只有 dwelt 仍然留在不规则动词联盟中。

总之，这个法国学生搞错了。哪怕他想说他对之前所学的英语课程感到恼火，也只能用 burned 来表达，而不是 burnt 了（见图 1-3）。

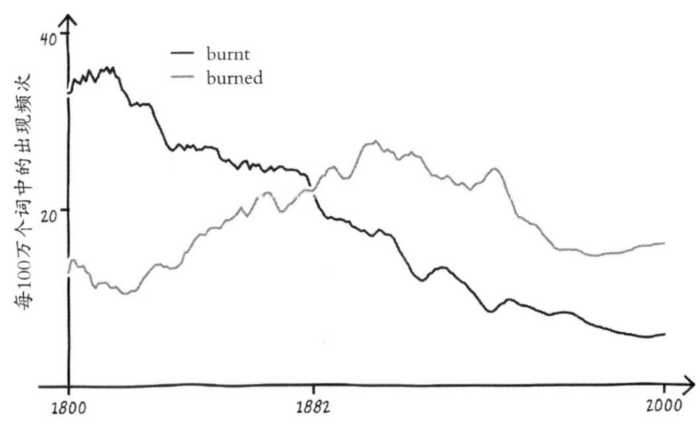

图 1-3 burnt 和 burned 的出现频次

|第 2 章|

四个生日和一个葬礼

语言本质的新视域

Big Data
as a Lens on
Human Culture

到2007年，针对不规则动词展开的研究使我们逐步相信，统计词的出现频次便可以追踪某类文化演进的过程。但是，有一点需要注意，不规则动词大多出现得较为频繁，追踪起来也比较容易。例如，went一词在大约5 000个词中就会出现一次，或者说每20页中就会出现一次。在我们读过的书中，went一词会反复出现。然而，如果打算更进一步地探索不规则动词以外的词，那你很快就会发现齐夫定律的副作用：像went这样频繁出现的词仍属于少数，绝大部分词都是极为不常见的。

UNCHARTED
文化中的大数据

假如我们尝试追踪一些更有挑战性的事物，譬如被称为“大脚怪”（Sasquatch）的喜马拉雅山雪人。在英文书中，Sasquatch在每1 000万个词中大约会出现一次，或者说在每100本书中出现一次。由此可见，追踪Sasquatch一词要比追踪不规则动词困难得多。

虽然如此，伴随着文化的不断发展，Sasquatch还是可以被追踪到。相比而言，“尼斯湖水怪”（Loch Ness Monster）则更加让人难以捉摸，因为每 200 本书中才会出现一次。对于想要利用词频统计的方式寻找神秘物种的人而言，如果打算检验自己的毅力，那可以尝试去寻找“吸血怪”（Chupacabra）。我们只知道，该嗜血物种最早于 1995 年在波多黎各被人类发现。除此之外，一无所知。不过，我们可以告诉你：Chupacabra 要比 Sasquatch 罕见得多——每 1.5 亿个词中才出现一次，或者说每 1 500 本书中才出现一次。一个阅读量非常大的人一生之中才有可能碰到 Chupacabra 一次（见图 2-1），而我们这本书很可能就是 Chupacabra 最后一次出现的地方，珍惜这一刻吧！

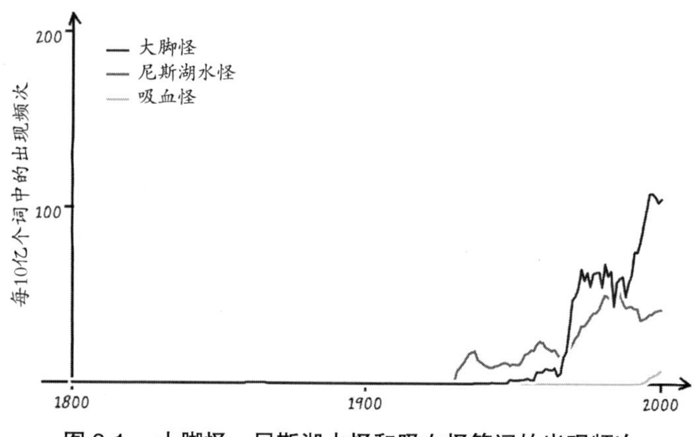

图 2-1　大脚怪、尼斯湖水怪和吸血怪等词的出现频次

为了追踪此类不常见的词，我们需要阅读数百万本书。这就是一种大数据。如今，只有一个地方有这样的大数据。

谷歌数字图书馆之梦

2002 年，谷歌开始全速发展，其创始人之一拉里·佩奇也得以有时间停下来进行思考。谷歌接下来该做什么？谷歌的使命是组织全世界的信息。而佩奇明白，书中就蕴含着丰富的信息。

佩奇在想：如果将现实世界里的实体图书馆变成虚拟世界中的数字图书馆，到底有多困难？没有人知道答案。于是，佩奇和时任谷歌产品经理的玛丽莎·梅耶尔（Marissa Mayer）决定做个试验：他们按照节拍器的节奏逐页翻完了一本300页的书，整个过程花费了40分钟。按照这一速度，全部翻完一个有700万卷藏书的图书馆需要大约500年。实不相瞒，佩奇的母校密歇根大学就有这样一个图书馆。当然，密歇根大学的藏书只是所有书籍的一部分。如果要把全世界的书都翻完，对每一页进行扫描，并将其转化成机器可读的格式，将花费1 000年，甚至更久。[①]这样看来，这一想法根本不可能实现。

当然，这位29岁的亿万富翁并不这么想。他是互联网时代的巨人，而且他的公司很快就将进入世界《财富》500强的行列。他认为，对公司而言，一件个人不可能完成的事情却恰好可以作为一种商品。

密歇根大学的校长玛丽·休·科尔曼（Mary Sue Coleman）告诉佩奇，对密歇根大学里的所有藏书进行数字化需要1 000年。听到科尔曼这么说，佩奇向其展示了谷歌的技术，并告诉她，谷歌只需要6年就能完成。

从那时起，谷歌便开始对世界上的书进行数字化，目的是建造一个包罗一切的图书馆，并将之存储在计算机硬盘上。

3000万本！“谷歌图书”的9年成果

在开始获取和扫描所有书之前，谷歌需要一张图书清单——记录哪些书

① 关于密歇根大学图书馆数字化所需的时间，500年仅仅是个估算出的数字；科尔曼所估计的1 000年，也许包括了翻书之外的其他事情，当然她并没有假定只有一个人来翻书。假设有1.3亿本书，每本书的数字化需要40分钟时间，那么完成所有书的数字化则需要9 900年。

需要获取，而哪些书已经扫描过了。于是，谷歌从数百个图书馆和公司搜集了图书目录信息，然后将这些目录合并成了一张新的图书清单，这是谷歌得到的最完整的图书清单了，上面记录着人类曾经写过的几乎每一本书。或者，更精确地说，这张清单包括了所有保留至今的书。亚历山大图书馆拥有最丰富的古籍收藏，它被焚毁时遗失的书并不算在这张清单里。最终，谷歌得到的这张图书清单包括 1.3 亿本书。

接下来，谷歌需要去获取和扫描这些书了。有时候，出版商可以直接送一本样书给谷歌。在这种情况下，谷歌可以“破坏性”地对书进行扫描：谷歌员工将书的装订拆开，分成单个页面逐页扫描。这项工作可以快速完成，而书则最终以图片的格式被储存在计算机里。至于其他书，谷歌会和世界各地的图书馆联系，以整个书架、整个藏书分区，甚至整个图书馆的方式进行一次性借阅。所有馆藏图书都一样，借出去的书是需要归还的，哪怕是谷歌也不希望支付过期的罚款。于是，谷歌开发了一种“非破坏性”扫描系统：仿照佩奇和梅耶尔的做法，在一些员工对书进行扫描时，另一些员工从早到晚专门负责翻书。在过去 10 年间，他们已经时刻不停地翻了数十亿个页面了。因此，时不时地，就会有一个拇指印出现在这些图像上。

最后，光学字符识别技术被派上了用场，它的原理是：**通过计算机程序将图像中包含的字母识别出来，从而将扫描到的数字图像转化成文本。**谷歌最后得到的图书文本文件，和使用文本编辑器对图书内容进行录入的结果是一样的——整本书的内容都包含于其中。

佩奇的理念最终成为了现实，谷歌数字化图书的举措取得了巨大的成功。在佩奇和梅耶尔一起翻书的 10 年后，也是佩奇宣布谷歌开启图书项目的 9 年后，谷歌完成了 3 000 多万本书的数字化工作。

如此巨大的文本集合只有计算机才能进行分析。如果哪个人想阅读这个文本集合，按照每分钟200个词的正常速度，不吃不睡无间断地阅读，也需要两万年。

大数据透镜 | UNCHARTED |

看待这一大数据的一种方式是将其看作一项对于所有图书的调查。这项调查到底有多全面呢？直接来看，你可以这样想象一下，人类曾经出版过的图书总数约为1.3亿本，大致相当于美国已经注册的投票人数（1.37亿）。2012年美国总统大选的前5天，盖洛普进行民调时抽查了2 700个投票人，相当于每5 000个投票人中抽出一个。谷歌数字图书馆包括3 000多万本书，相当于每4本书中抽出1本。谷歌的调查还在继续，且最终将变得非常全面：关于人类文化的一个史无前例的调查。

与谷歌达成合作共识

我们根本无法像谷歌那样构建一个巨大的数字图书馆。因此，我们需要借助谷歌的力量。但是，怎样才能做到呢？

2007年，机会来了。埃雷兹（本书作者之一）的妻子阿维娃·艾登应邀到谷歌总部Googleplex领取一个奖项。获奖者一般都是为计算机科学作出贡献的女性。埃雷兹陪她一起去了谷歌，并设法进入了谷歌研发总监彼得·诺维格的办公室。

诺维格是人工智能领域的先驱，曾出过一本有关人工智能的教科书。他做每场报告时，众多追随者都会慕名而来。例如，2011年秋天，诺维格和另一位人工智能专家塞巴斯蒂安·特龙（Sebastian Thrun）讲授了世界上第一节大规模开放在线课程（massive open online course，MOOC）。这一由斯坦福大学主办的人工智能课程取得了巨大的成功——超过16万名学生注册了该课程，并由此开启了一场高等教育界的革命。

诺维格的交谈方式异于常人，他不喜欢多说话。或许，唯一比阅读谷歌数字图书全集更难的事情，就是“阅读”诺维格在听你说话时面无表情的脸。在听你讲了一段时间之后，他一般会说上一些或许见解深刻又或许毫不相干的话。而你由此可以看出，你的言语是否打动了他。

在听了埃雷兹一个小时的介绍之后，诺维格最后亮出了底牌。

“听上去很不错，不过，我们怎么才能在不侵犯著作者版权的情况下构建一个数字图书馆呢？”

《财富》500强法务部门的心理

当谷歌在2004年公开宣称要对世界上的所有书进行数字化时，出版业感到很不安，这一点可以理解。如果所有书都可以在网上被搜索到，那对出版商们来说，意味着什么呢？谷歌打算与公众分享哪些图书呢？即使谷歌愿意遵守《版权法》，对于任意一本书，谷歌又如何才能知道谁拥有版权呢？或许像苹果iTunes对音乐所做的那样，谷歌打算颠覆整个出版业吗？

很快，法律诉讼蜂拥而至。2005年9月20日，代表诸多作者的美国作家协会（Authors Guild）向法院提交了一份集体诉讼。10月19日，美国出版商协会（American Association of Publishers）也提起诉讼，它代表着包括麦格劳-希尔公司（McGraw-Hill）、企鹅出版社、西蒙与舒斯特出版社（Simon & Schuster）、培生教育出版集团（Pearson Education）和约翰·威立父子公司（John Wiley）等在内的大出版商。这两起诉讼都宣称，谷歌的行为是“大规模的侵权行为”。2006 年，法国和德国的出版商加入了这场论战。2007 年 3 月，谷歌的竞争者们也加入了进来。微软的一位高级律师托马斯·鲁宾（Thomas Rubin）发表了一系列精心准备的评论，来抨击谷歌的图书数字化项目。他指出，谷歌所采取的方法“系统性地侵犯了版权”，“动摇了人们进行智力创造的动力”。因此，“谷歌图书”项目迅速成为了大数据历史上最重要的法律纠纷导火索。

“谷歌图书”项目遭遇的这一系列法律纠纷是大数据后续研究所要面临的法律问题的前兆。最有趣的大数据集经常被掌握在大企业手中，譬如，谷歌、Facebook、亚马逊和 Twitter。**值得注意的是，数据只是被掌握在这些企业手中，而它们不一定拥有。**数据通常是由一个个用户创造的，无论写书、设计网页或发布照片。这些人持有数据的所有权——这也是他们应该拥有的，因为他们是数据的创造者。而他们的所有权将以多种形式体现，例如，版权、隐私权、知识产权或者其他附属权利。数据不是公共的，但也不是私有的。相反，**数据是一种数字资源，是一块“无主地”——数百万人对它感兴趣，但没有人具有完整的权威将其占有，而在法律中的地位也相对模糊。**

对科学家而言，大数据是规则改变者。我们过去习惯于这样的世界：我们制造数据或者获得数据，如果有必要，我们还可以分析数据，而这些最多也只需要获得伦理方面的授权而已。但是，如果采用这种传统方法，我们前面提到的，其中一些运用大数据进行的研究将变得不合法，也不合乎伦理。在大数据的世界中，“获取所有然后对其进行分析”的概念无论在实践上还是道德上都是不可行的。那么，如果没有人愿意（哪怕他们有这个权利）共享数据，我们又该怎样利用大数据呢？诺维格的问题戳中了大数据研究的关键。

大投影，应对隐私泄漏之殇的密钥

让谷歌将全世界图书的文本内容交给我们使用是不切实际的。令我们感到幸运的是，我们无须向谷歌提出这种要求。

这要归功于大数据投下的大投影。投影是实物的影子，呈黑色，是一种视觉变换，保留着原始物体某些方面的信息。类似地，**数据投影也保留着原始数据的部分信息。**投影更像是一门艺术而非纯粹的科学，对于大数据而言，这一点非常关键。错误的投影在伦理上是可疑的，在法律上很棘手，而在科学上则毫无用处。然而，如果能够选择正确的角度对大数据进行投影，那么我们就有可能做到既模糊化原始数据在伦理和法律上的敏感部分，又能保留数据的很多重要功用。

如果你非常幸运，那么数据投影可能会很容易。例如，在很多情况下，一个大数据集面临的问题可能仅仅是它会暴露敏感的个人信息。如果是这样的话，我们似乎只要剔除掉与数据记录相关联的人名就足够了。但是，这种简单的情况毕竟只占少数。麻烦在于，很多大数据集包含的信息过于丰富，以至于人名信息对于标识数据记录而言都是多余的了。换句话说，数据记录本身包含着很多足以明确识别一个人的信息。在这种情况下，剔除人名信息起不了多大作用。

UNCHARTED

文化中的大数据

2006 年，美国在线公司（America Online，AOL）就通过自己惨痛的经历领悟了这一点。为了能慷慨地支持科学研究，美国在线公司公开发布了超过 65 万个用户的搜索日志。当然，它对搜索日志进行了处理：用户的名字并没有被包含在发布的数据中，用户标识符也被替换成了一个没有任何意义的数值。美国在线公司认为，这样做就能保护用户隐私。但是，它大错特错了。

通过检查这些被公开的搜索日志，并和其他公开可获取的数据进行对照，人们有可能推断出用户的身份。《纽约时报》的记者迈克尔·巴巴罗（Michael Barbaro）和汤姆·泽勒（Tom Zeller）就做到了这一点。美国在线公司发布数据的几天后，巴巴罗和泽勒注意到，在跨度3个月的数百条用户查询中，用户“4417749”搜索过“佐治亚州利尔本市的庭园设计师”（landscapers in Lilbourn, GA），搜索过叫“阿诺德”（Arnold）这一姓氏的人。对照一下全美公共电话簿，他们发现，这个用户很可能是一位居住在利尔本市名叫特尔玛·阿诺德（Thelma Arnold）的62岁老太太。巴巴罗和泽勒联系到阿诺德女士，在为她读了一些从用户“4417749”的搜索日志中抽取出的查询信息后，阿诺德女士对美国在线公司所做的事情感到非常震惊，她说道：“我们都有隐私权，没有人可以公开他人的搜索日志。”

美国在线公司在意识到这个错误后，试图弥补。在数据发布仅仅3天后，公司就把数据从互联网上删除了，还进行了公开道歉、解雇了发布日志数据的研究人员以及主管。几周后，美国在线公司的首席技术官辞职。然而为时已晚，这些数据已经在万维网上扩散开了。虽然美国在线公司本着推动科学研究的高尚初衷发布了数据，却由于糟糕的执行而适得其反。它招致的负面影响和大量集体诉讼，也只能说是其应得的惩罚。这场灾难证明了：大数据时代下的隐私保护极其困难。对企业而言，如果出于公益的想法公开数据，那么美国在线公司就是一个前车之鉴。它从这次发布的数据中一无所获，最终只得到了代价高昂的教训。

诺维格脑海里一定清晰地记得这一点。

当然，并非只有名字会给数据带来麻烦。“谷歌图书”项目就面临着截然相反的问题。对于图书而言，唯一可以公开且不用担心法律诉讼的内容就是作者的名字，而其他内容则都是受《著作权法》保护的。

大数据的投影如何才能够帮助我们打破这个僵局呢？

大数据透镜 UNCHARTED

为了使用大数据，我们需要找出一种满足四个重要标准的投影方式：第一，数百万人共同创造了原始数据，数据投影需要能够保护这些人的权利；第二，数据投影必须是令人感兴趣的；第三，数据投影不能和数据持有公司的目的相违背；第四，产生数据投影的方法要切实可行。

美国在线公司的问题不在于它发布了用户搜索日志的数据，而在于它发布的数据投影不够模糊，极大地侵犯了数据原始创造者的权利。当工程师杰里米·金斯伯格创建“谷歌流感趋势”（Google Flu Trends）时，他也发布了源于用户搜索日志的信息。只不过，他的数据投影方式，除了流感病毒的相关信息以外，没有提及任何人。

数据投影既能够保护数据中的信息，还能让我们利用大数据开展工作。当然，从中受益的并不只有研究人员。理想的数据投影在伦理上和法律上都是无害的，因此，数据持有者更有可能被说服，然后与公众共享数据。

大数据透镜 UNCHARTED

大数据的大投影将严密保护的数据集转变成了一种强大的公共资源，任何人都可以使用，无论是科学家、人文学家、企业家，还是高校的学生。在和企业沟通时，我们喜欢把数据投影说成是一种数据形式的慈善活动：捐赠信息和捐钱一样使人受益，而且明显比捐钱更廉价。

在“谷歌图书”的投影中

为简单起见，我们可以把“谷歌图书”的原始数据看成一张包含所有图书内容的列表，其中有每本书的元信息——书名、作者的名字和出生日期、来自哪个图书馆、出版日期等。“谷歌图书”能够投下什么样的大投影呢？它有很多投影，但是并非每个投影都同等重要。

有这样一个投影，只包含每本书的书名。该投影包含大约1亿个词。不过，与“谷歌图书”的全部数据相比，它是微不足道的，也难以推动科研工作的进展。另外，这个投影还面临着一些问题：谷歌将书名视为商业秘密，因为谷歌不希望它的竞争者知道哪些书被扫描过以及哪些书没有被扫描。因此，书名不是一个好的投影。

另一个投影是所有公版书的内容。公版书是指版权已经失效的图书。这是一个非常有趣的数据集，且没有麻烦的版权问题。然而，它有两个缺点：首先，由于版权期非常长，1920年后出版的书几乎都还没有成为公版书。这意味着，20世纪大部分时间和21世纪早期这段时间出版的书并不算公版书，但它们却是使“谷歌图书”成为史无前例的大数据的主力。其次，之前的《著作权法》常常使一些图书的版权状况模糊不清，所以影响了“谷歌图书”中的很大一部分。谷歌并不十分明确哪些图书应该被列为公版书，因此这样的数据投影非常难以创建。

对此，诺维格有什么建议吗？

此时，我们想起了凯伦·赖默的《传奇、词汇、唠叨的爱》。如果迅速翻阅赖默的书，你就会有这样一种体验：**词的出现频次能够揭示出书的思想和作者的寓意**。如果我们关注的对象从一本书变成了西方文明的历史记录，而记录者就变成了我们每个人，那么赖默采用的这种方式无疑将非常有趣。

对于赖默这本将词按照字母顺序排列的小说，我们思考得越深入，就越觉得这种写作方式似乎暗示着一种投影方式——这种方式既非常简单，又十分优美。那么，我们为什么不在“谷歌图书”项目中采用同样的方式？

更确切地说，**我们可以创建这样一个数据投影集，为书中出现的每个英语单词和每条短语单独建立一条记录。在计算机科学中，这些单词和短语有一个优雅的名字：n 元词组（n-gram）**。譬如，“3.14159”是一元词组，“banana split”是二元词组，而“the United States of America”是五元词组。每个单词和每条短语所对应的记录是一个长长的数字列表，列表中的数字表示该 n 元词组在书中出现的次数，逐年排列，一直可以追溯到 5 个世纪前。这个数据投影方式不仅非常有趣，而且在法律上也很安全。因为赖默可从来没有因为出版了某本书的字母排序版而受到控告。

不过，这样的数据投影仍然面临着一种危险：倘若黑客能够根据单词和短语的出现频次重新构建所有书的内容，该怎么办？从这些零碎的、彼此重叠的文本片段中组织出一大段文本，似乎并非不可能。实际上，类似的方法早已被科学家们用于现代基因序列测序中——使用这样的方法，科学家们可以从细胞中读取其 DNA。

为了解决该问题，我们需要借助于这样一个统计方式：在读任何一本书时，你都可能会碰到唯一的表达形式（You don’t have to go far in any given book to bump into a unique formulation）。例如，我们刚才写的这句话很可能就是唯一包含短语“bump into a unique formulation”的句子，或者说，在我们写出这句话时确实如此。于是，我们对前面的数据投影进行了一个简单的修正：**出现频次较少的单词和短语不包含于其中。**由于这个修正，根据前述数据投影重新构建出图书全文在数学意义上就不可能实现了。

最终得到的n元词组数据投影看上去已经令人非常满意了。首先，版权保护问题不再存在（投影方式的标准一）。从我们对不规则动词的介绍以及赖默的小说可以看出，仅仅追踪单个词的出现频次便可以得出很多有价值的见解（投影方式的标准二）。这样的数据投影方式提供了对概念进行搜索的一种强大的新方式，对于基于搜索的公司而言很有吸引力（投影方式的标准三）。在计算机科学中，对单词进行计数可能是最简单的问题了（投影方式的标准四）。

当然，如果我们仅局限于n元词组数据，那么单词就将脱离上下文，变得莫名其妙。如此一来，若是某人在书中写到“伊莱亚·卡赞”（Elia Kazan）时，单凭书中提到的“红色恐怖”（Red Scare），我们根本无法知悉作者是在说伊莱亚·卡赞是一位伟大的导演，还是在说他背叛过朋友。然而，这不是缺点，而是优点：正是上下文使得数据在法律上非常敏感。正是由于缺少了上下文，我们才可以断定，这一数据投影以及基于数据投影开发的工具，不仅可以在我们两人之间共享、在研究人员之间共享，而且还可以在全世界共享。我们的数据投影恰到好处：这是在不违背法律原则的情况下所能得到的最有价值的数据投影了。

n元词组就是我们的答案。诺维格一分钟内就想出了这个想法，并认为这值得一试。他帮助我们组建了团队：谷歌工程师乔恩·奥沃顿（Jon Orwant）和马特·格雷（Matt Gray），还有我们的一个实习生沈渊（Yuan Shen，音译）。

突然间，我们能够访问历史上最大的单词集了。

自由词的领导者

语言由单词组成。然而，什么是单词呢？

这是一个重要的问题。我们以政治人物为例来加以说明。在美国前总统小布什的整个政治生涯中，他时不时地就会在语言上发挥创意，譬如，在单词 underestimated（低估）前面加上前缀“mis-”之类的做法。小布什的这类做法使其经常成为美国人茶余饭后的笑柄和晚间电视节目的调侃对象。政治人物的语言非常讲究，像拼写不规范之类的微小细节都可能让他们陷入舆论的洪流。在美国前副总统丹·奎尔（Dan Quayle）的回忆录中，他描述过这样一段经历，他曾经将 potato（土豆）拼成了 potatoe。他说那“不仅仅是一种失态，而是一种最难以想象的尴尬”。曾作为美国共和党副总统候选人的萨拉·佩林（Sarah Palin）也曾因在 Twitter 中使用了单词 refudiated（拒绝，正确写法为 repudiated），而被公众嘲讽。她说，和其他政治人物一样，她遭遇了双重标准。随后，她在 Twitter 上发推文说：“英语是一种活的语言。莎士比亚也喜欢创造新词儿。”

萨拉是对的。莎士比亚的戏剧中的确充满了新词儿。实际上，和小布什一样，莎士比亚是一个保守主义者和“前缀”自由主义者。就像小布什使用前缀“mis-”造出单词 misunderestimate 一样，莎士比亚也经常以这样的方式创造新词。但是，和小布什不同，莎士比亚不仅未受到嘲讽和指责，还随着他创造出的新词被广泛采用而给后人留下了丰厚的词汇遗产。例如，他使用前缀“lack-”（缺少）创造了新词 lack-beard（无胡须的）、lack-brain（没头脑的）、lack-love（缺乏爱的）和 lack-luster（没光泽的），等等。和政治人物相比，大多数诗人更喜欢灵活的词语使用方式。英国作家刘易斯·卡罗尔（Lewis Carroll）的诗歌《炸脖龙》（*Jabberwocky*）中的大部分词汇都是卡罗尔自创的。如果他知道这些词中有多少后来被今天的英语所采用，那么一定会得意地 chortle——笑出声来，卡罗尔的自创词（见图 2-2）。

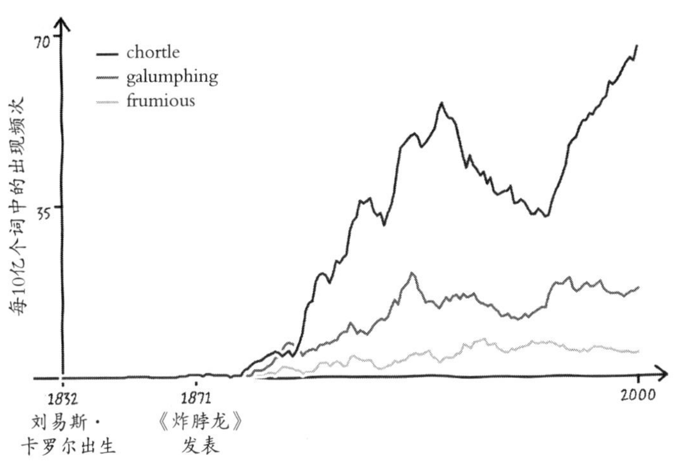

图 2-2　刘易斯·卡罗尔自创的一些词

那么，哪些词是可以用的，而哪些词会让我们成为被调侃的对象呢？

是词？非词？

> 词典编纂者，词典的作者、公益体力劳动者……
> ——塞缪尔·约翰逊，《英语词典》，1755 年

至少从理论上讲，词典可以解决哪些是单词而哪些不是的问题。毕竟，词典收集了官方认可了的单词，还收录了其对应的语义。很多词典都是被人们作为参考工具使用的。譬如，《美国传统词典》（*American Heritage*

Dictionary），该词典的第4版收录了11.6万个单词。[①]而有些词典更全面，比如《牛津英语词典》多达23卷，1928年出版第一版，而最新的版本中收录了44.6万个单词。如果你想知道哪些单词是比较官方的，那词典绝对是你的首选。词典里出现的，就是；词典里没有出现的，就不是。

即便如此，我们还是很困惑。那些词典编纂者是怎么知道哪些词应该被收录在词典里的呢？

对于此，人们通常持有两种观点。

第一种观点基于的理论是：词典编纂者的工作是指令式的。他们能掌管哪些词可以出现在语言和词典中，确定哪些词是合法的，哪些词是非法的。这就是西奥多·罗斯福总统对词典编纂方式的偏激看法。1906年，他下令让美国政府印刷局（Government Printing Office）采用一种彻底简化的拼写方式。例如，将“I have answered your grotesque telephone”简化为“I hav anserd yur grotesk telefone”。该命令未能得到美国国会的认可。原来的拼写方式最终保留不变。这种将词典编纂行为视为指令式工作的观点，如今在法国仍然处于主导地位——法国政府经常会发布官方文件，通告正确的单词使用方式和拼写方式。2013年1月，法国《政府公告报》（*Journal Officiel*）推荐使用mot-dièse替代“#”。当然，Twitter空间（Twitterverse）中人们用大量的“#ROFL”来对此进行回应。[②]指令式工作所面临的问题是：没有人在切实掌管语言，实际上也不应该有人掌管语言。语言凌驾于任何政府、伦理和国籍之上。

① 《美国传统词典》团队向我们提供了一个列表，此列表列出了该词典第4版中所有条目的153 459个词目。有时候，同一个词在该列表上会出现多次。例如，console可以作为一个名词出现，也可以作为一个动词出现。我们除了这类重复词目，同时也删除了不是单个词的词目，譬如：men's room。最终的词表包含116 156个词。

② ROFL为网络俚语，意为“笑得满地打滚”。——编者注

第二种观点认为，词典编纂者的工作不是指令式的——告诉我们该做什么，而是描述式的——描述我们目前在做什么。这种观点在今天被视为主流，特别是在美国。按照这种观点，词典编纂者不是独裁者，而是探索者。词典是他们探索出的描述世界的一幅地图。

不过，这种观点也存在一个问题。如果词典编纂者决定哪些是单词的行为不是指令式的，那么他们就有可能在确定哪些是单词方面犯错。如此一来，我们又在多大程度上可以信任词典呢？

毕竟，词典编纂者也是普通人。没错，他们可能会比大街上的普通人对词汇用法的细微差别更感兴趣。但是，在判断哪些单词应该被包含在词典里时，词典编纂者所做的事情和我们普通人所做的别无二致。他们去听人们在说什么，进行大量阅读，并尽可能地从中发现某种用词趋势：人们在用哪些新词？哪些词人们不再用了？在其他词典中出现了哪些条目？

一旦形成个人印象并识别出了某个候选单词，词典编纂者就会开始判断这个候选词是不是真正的单词。我们认识一位词典编纂者，他在进行判断时常会采用这样的标准：是否能够在互不相关的文章中找出候选词的 4 个样本。词典编纂团队之间达成一致是可取的，不过对于专业术语，譬如石墨烯（graphene），可能还是交给物理学领域的专家来判定比较好。词典编纂不是一项科学工作，而是一项历史悠久的艺术工作。

以《美国传统词典》为例，它的第 4 版于 2000 年出版，距离第 3 版已有 8 年。在这 8 年间，一些新词被人们使用得十分频繁。《美国传统词典》的编辑们尽可能地搜集这些词，并记录下来。他们的胜利果实包括：交磁放大机（amplidyne）——一种发电机，法国蔬菜沙拉（mesclun）——一种沙拉，网络礼节（netiquette）——互联网上的礼节，植物营养素（phytonutrient）——

使植物产生颜色 / 气味的化学物质。那么，他们的工作成果到底怎么样呢？

如图 2-3 所示，《美国传统词典》编纂者们的工作最多只能说是好坏参半。在有些情况下，像 mesclun 和 netiquette，这些词他们仅仅是收录得晚了一些。如果纯粹基于词的出现频次，那么这两个词在 1992 年就应该被收录其中。而 amplidyne 早已经过时了。实际上，amplidyne 的出现频次的高峰期是 20 世纪中期。虽然已经尽了最大努力，但是词典编纂者们还是很难及时地发现新词，甚至可能会滞后几十年。

我们意识到，对词典编纂者而言，点击一下鼠标就能阅读数十亿个句子简直是天赐良机，至少在识别单词方面是这样的。

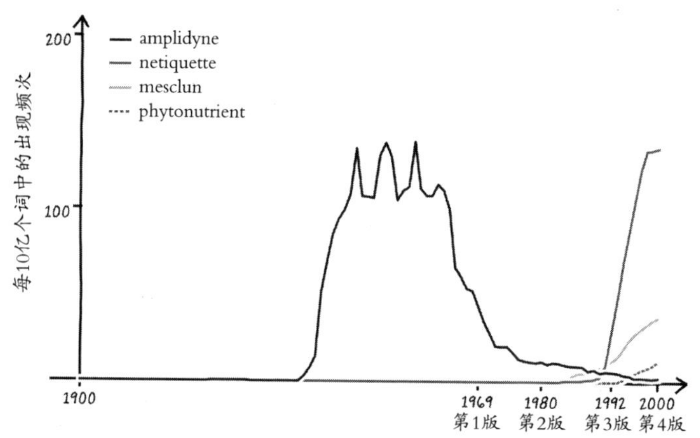

图 2-3 《美国传统词典》编纂者们的工作成果

自己动手编词典

我们决定创建一部我们自己的描述式词典，它包含当代英语中出现的所有词汇。我们的想法很简单：如果一个字符串在当代英语文本中出现得非常频繁，它就算得上是一个词。那么，怎样才算非常频繁呢？一个很自然的选择是将词典中最不常见的词所出现的频次作为阈值，大约是英文文本中每 10 亿个词中出现一次的词。[①]于是，我们对“什么是单词”的回答是这样的：

> 一个英语单词是一个一元词组。平均而言，在英文文本中，每 10 亿个词中该一元词组至少会出现一次。

这明显不是单词的完美定义。英文文本中包含嵌在英文段落中的西班牙语单词吗？文本要求是最近的吗？文本要节选自书中吗？从演讲转换而来的文本可以算吗？互联网上的文本呢？像 excesss 这样的常见拼写错误是单词吗？像 l8r 这样部分是数字的字符串可以作为单词吗？为什么像“straw man”这样的二元词组称不上是单词呢？

尽管有如此多的缺点，但是我们提出的这个单词定义实际上还是非常精确的。有了这样一个精确的定义，再加上足够多的参考文本和一些计算机，我们就可以编纂出一部客观的英语词典了。从这一点上讲，我们的定义好于人们采用的大部分高度主观性的定义。

我们希望，这部新的“齐夫式词典”能够代表英语的当代用法，因此我们没有借鉴所有图书，而是从整个数据集中抽取了一系列长度为 10 年的截面数据——1990—2000 年间出版的所有图书。这个图书集包括超过 500 亿个一元词组。根据我们选择单词的标准——在 10 亿个词中一元词组至少会出现一次，能够作为单词的一元词组至少需要在这个图书集中出现 50 次。最终得到的单词列表涵盖了 1 489 337 个单词，包括 unhealthiness、6.24、psychopathy 和 Augustean 等（见图 2-4）。

① 我们计算了《美国传统词典》中 116 156 个一元词组词目的出现频次，给出了频次的分布。在分布的 10% 处，这些词目的出现频次是每 10 亿个词中出现一次。过了此处，出现频次开始飙升。

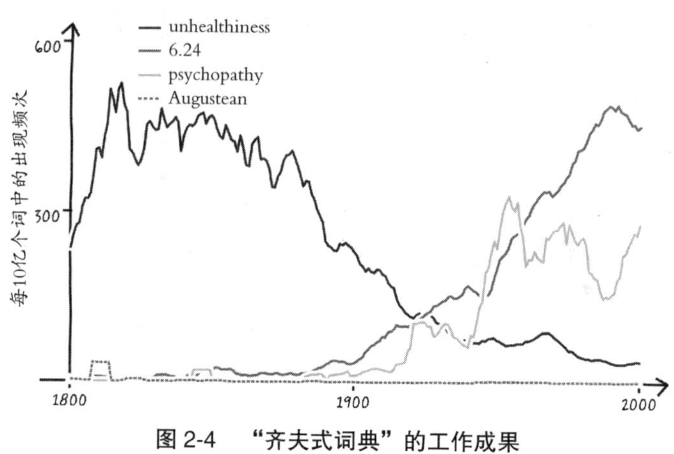

图 2-4　“齐夫式词典”的工作成果

我们的“齐夫式词典”是一个很方便的参考工具。如果一个词没有出现在我们的单词列表中，那就意味着它的出现频次比已出版的词典里出现频次最低的词更低。因此，我们不将其视为单词也在情理之中。如果一个词出现在这个列表中，则意味着它出现得非常频繁，使其能够出现在已出版的词典中。而如果这个词没有在已出版的词典中出现，那么我们就需要问问为什么了。

这就是拥有一部客观词典的有趣之处。多年以来，无论是在学校还是在玩拼字游戏时，我们都将已出版的词典作为标准。而现在情况完全不同了，凭借客观词典这样一种评估词汇的独立方式，我们就可以测试词典的准确性，并进而考核词典编纂者了。数世纪以来，考核词典编纂者的人一直存在。但是，只有拥有了 n 元词组，我们才能真正成为词典编纂学家——研究词典编纂工作和词典编纂者的人。

接下来，我们要问一个词典编纂学中最根本的问题：已出版的词典包括了我们这个“齐夫式词典”中的多少个单词呢？

答案是，少得令人吃惊！最全面的英语词典——《牛津英语词典》只囊括了不到50万个单词。它的词汇量大约是我们单词列表的1/3。与之相比，其他词典的词汇量则更小。

怎么会这样？难道词典编纂者真的没有意识到语言发生了哪些变化？

词汇暗物质

我们的论证结果给出的似乎有些草率，因为大部分已出版的词典原本就没有声称要包含所有的英语单词。事实上，很多词典还会根据一些原则仔细地剔除掉某些类型的词汇，而不管它们出现得多么频繁，包括：

（1）不全由英文字母组成的词，像3.14和l8r。

（2）复合词，像whalewatching。

（3）拼写不规范的词，像untill。

（4）难以定义语义的词，像AAAAAAARGH。

正因如此，和已出版的词典比较谁收录的词汇更多是不公平的，因为那些词典原本就没有打算包含某些词。为了直观地认识已出版的词典原本没打算遗漏却遗漏的词汇量，我们估计了我们的词表中有多少比例的词属于上述4个类别。

去除上述4类词之后，我们的词汇表所包含的词汇量从接近150万降到了100万多一点。我们的词典所收录的单词仍然比《牛津英语词典》收录单词的两倍还要多！也就是说，最全面的英语词典也遗漏了很多词。这些未被收录的单词包括丰富的概念，例如，aridification（干旱化：一个地区变得干旱的过程）、slenthem（一种乐器）和deletable（可删除的）（见图2-5）。

那么，是什么让已出版的词典栽了跟头呢？

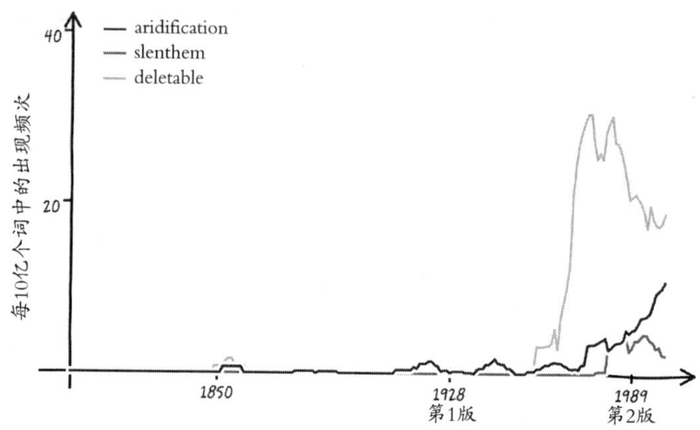

图 2-5 《牛津英语词典》未收录的 3 个单词

UNCHARTED
文化中的大数据

事实表明，词典收录了大部分的高频词。在收录每 100 万个词中出现过一次的词方面，像 dynamite，词典编纂者的表现堪称完美——收录率为 100%。如果一个词平均在 10 本书中出现过至少一次，那词典就会记录下它，并对其进行解释，譬如 clockwork。

然而，在收录那些不常见的词方面，词典编纂者们的表现就差强人意了。当一个词的出现频次低于每 100 万个词中出现一次时，它被词典编纂者忽略的可能性就会飙升。对于每 10 亿个词中出现一次的词，只有 1/4 的可能性会出现在词典中。

如果一定要记住一点儿有关齐夫的工作成果的话，那就是：**大部分词都是不常见的。因此，如果词典会遗漏不常见的词，那么它就遗漏了大部分词，仅此而已。**

结果，英语中 52% 的词，也就是书中出现的大部分词变成了词汇暗物质（lexical dark matter）。和构成宇宙绝大部分的暗物质一样，词汇暗物质构成了语言的绝大部分，却被标准的参考工具所遗漏了。[①]

随着传统词典编纂方式的弊端日益凸显，这个领域开始寻求改变。进入这个领域的新来者，例如，wordnik.com、wiktionary.com 和 urbandictionary.com 等，依靠客观词典编纂方式试图构建更全面的在线词典。实际上，它们在尝试使用众包的方式记录词汇暗物质。像《牛津英语词典》这样的词典也开始寄希望于用大数据改善词典编纂效果。为了使词典中的条目跟得上时代发展的速度，他们开始使用数据驱动的词典编纂方式作为传统编纂方式的补充。

对于词典编纂而言，上述发展趋势无疑是一个好消息。尽管如此，经过了数个世纪的努力，词典编纂的大部分工作仍没有完成。

总的来说，英语还是一块未经开发的处女地。

语言不是在变化，而是在生长

新词总是能够让人兴奋。美国方言协会（American Dialect Society）每年都会举行一次会议以纪念所有新词。协会成员会经过投票产生一些榜单，例如，“年度词汇”、“最离谱的词”、“最不可能成功的词”，等等。我们编纂的“齐夫式词典”收录的一个词 culturomics 就在 2010 年进入了“最不可能成功的词”这一榜单里。1991 年以来，年度词汇包括 cyber（1994 年）、e-（1998 年）、metrosexual（2003 年）以及最近的 hashtag（法国政府将其读作 mot-dièse）等。美国方言协会编纂的这些词汇列表说明，语言一直在欢迎和庆祝新生词汇的诞生。

① 我们从词汇集合中抽出了 1 000 个词，以界定有多少个词属于被排除掉的类别。实际上，我们并没有列出所有的英语物质。和宇宙中的物质类似，我们尚未确切地知道有哪些词汇暗物质，只是知道有很多。

但是，在词汇生命周期的另一端，却没有类似的活动。似乎没有人想要为“死去”的词汇举行葬礼。因此，我们很难说清楚，词汇的出生率是否超过了死亡率——英语是在扩张、收缩，还是一成不变？

为了弄清楚这个问题，我们编纂了另外两部基于词频的词典。在编纂第一部这样的词典时，我们使用了 1990—2000 年间出版的书，得到了一部当代英语词典。这一次，我们更为关注以下两个历史时期：1900 年之前的时期和 1950 年之前的时期。

我们发现，到 1900 年时，我们的词典中已经包含了超过 55 万个词，比今天的《牛津英语词典》中收录的单词还要多。在接下来的 50 年内，似乎没有发生多少变化，语言规模保持着稳定。生日和葬礼保持着相当的数目。

但是，1950—2000 年间，英语进入了一个生长期，规模扩大了近一倍，新增了几十万个新词（见图 2-6）。新生词汇在数量上大大超过了“死去”的词汇量。目前，每年英语中出现的新词汇大约为 8 400 个，也就是说，每天有 20 多个新词诞生。

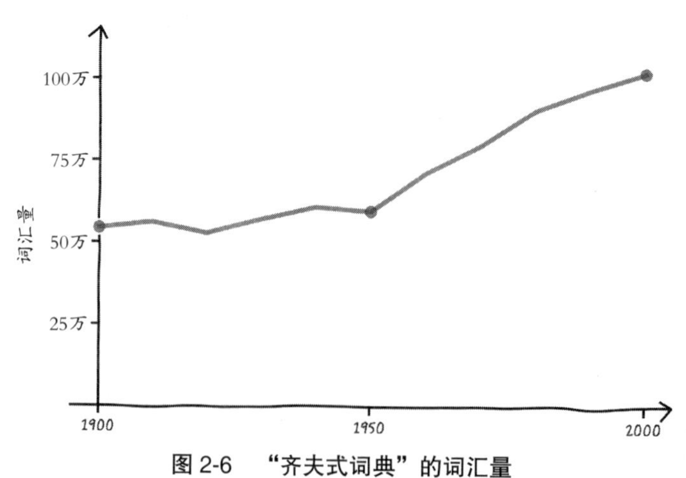

图 2-6 “齐夫式词典”的词汇量

英语不只发生着变化，而且还在生长。

为什么会这样呢？和幂率分布的成因类似，没有人知道真正的原因。于是，各种猜测开始盛行。有人认为，社会中人和人之间的联系变得越来越紧密了——世界变得越来越小了，两个人之间的距离仅相隔一根电话线或一次飞机旅行，新词也因而不断涌现。还有人认为，科学、医学和技术的进步将各行业的词汇带入了公众视野，成为新生词汇。还有另外一种可能，就是本书所说的多元化，这也是我们基于词的出现频次构建"齐夫式词典"的基础。20 世纪后半期，社会各界开始出版图书，书的作者围绕众多话题广泛地使用方言进行创作，从而将更多的词带到了我们的讨论范畴内。

事实上，就这一问题而言，没有人确切地知道答案。由于我们不知道语言的生长原动力来自何处，也就很难猜测它最终会走向哪里。新生词汇会逐年增加吗？词典收录词汇的上限是多少？下一代的语言和我们这一代的语言会有多大不同？

大数据透镜 UNCHARTED

大数据的视角照亮了我们的语言，也照亮了通往新的科学高地的路。在那条路上，哪怕是大脚怪也将无处藏身。

我们使用的词汇能比我们的语言讲述更多的故事。词汇是一扇使知识照亮我们思想、习俗和整个社会的窗。

那么，我们就将注意力从沟通机制上移开，然后转向我们的思想吧！

量化人文 老爸，保姆来自哪里？

20 世纪中期，让保姆照看婴儿被认为是一个好主意。因此，人们对“婴儿”(baby)和“保姆”(sitter)这两个词越来越感兴趣，它们在一起的时间也就开始多了起来，故而 baby sitter 逐渐频繁地出现在人们的话语和文章中。

很快，人们开始用一个连字符将 baby 和 sitter 两个词连在一起，于是就有了 baby-sitter。随着 baby 和 sitter 的关系越来越亲密，baby-sitter 出现得也越来越频繁，最终取代了 baby sitter (见图 2-7)。

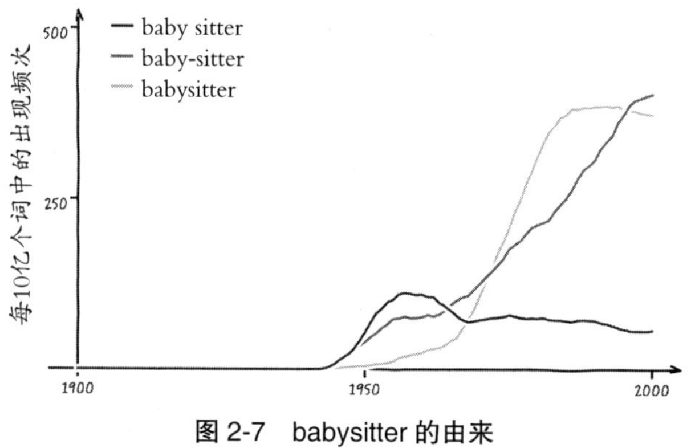

图 2-7 babysitter 的由来

后来，baby 和 sitter “认识” 到，它们是天造地设的一对。于是，它们便结合了，并 “孕育” 了一个孩子 babysitter。亲爱的孩子，这就是你的父母让我来照看你的原因。我就是 babysitter。

Big Data
as a Lens on
Human Culture

|第 3 章|

未来，每个人都将在 7.5 分钟内成名

从崭露头角到名望顶峰的路线图

Big Data
as a Lens on
Human Culture

打扫垃圾这个工作不怎么迷人，却可以成就英雄。

不信的话，你可以问一下希腊神话中的英雄——大力神赫拉克勒斯。在赫拉克勒斯的 12 次劳作中，第 5 次的任务就是打扫奥革阿斯国王（Augeas）的牛棚，那里面住着数千头长生不老的母牛。由于牛棚已经 30 年没有打扫了，粪楞堆积如山。因此，赫拉克勒斯将两条湍急的河流引来，一天之内就将牛棚冲洗得干干净净。他的英雄事迹至今仍是世界排污工程史上最伟大的成就之一。

几千年后，类似的传奇故事仍然不绝于耳。这个故事是关于我们的“计算大力神”沈渊的。谷歌花费了 5 年时间，尽情地汇聚知识的力量，快速地数字化数以百万计的图书。然而，在创造了世界上最大的数字图书“牛棚”的同时，也不可避免地衍生出了一个副产品——谷歌积累了数量庞大的低质量数据。**有些大数据是脏的。**所以，我们是时候该清理“牛棚”了。

阻碍：错漏百出的图书馆卡片目录

最近，你将多少黄金时间耗费在了图书馆的卡片目录上？

卡片目录曾经是图书馆里图书流通的核心。图书馆里的每本书都对应着一张卡片，上面记录着该书的关键信息，包括书名、作者、主题、出版年份和用于标识图书位置的编码。每天，来访者源源不断，他们会走向卡片目录存放柜，然后再根据目录里的信息走向遥远角落里的一排排书架。

如果没有卡片目录，图书馆将杂乱无章，人们也就无法从中获取任何信息。很多个世纪以来，最重要的图书馆之一——梵蒂冈秘密档案馆（Vatican Secret Archive）就处于这种状态。这家档案馆的书架有 83.7 公里长，却缺少一个囊括所有馆藏图书信息的卡片目录。档案馆里面有什么？即使是有权自由访问该档案馆的人，恐怕也说不清楚。如果需要从中找一本书，你就需要了解：谁可能知道书的位置。档案馆里陈列着很多珍贵的手稿，这些手稿可以追溯到 8 世纪，譬如，关于对伽利略进行异端审判的记录。然而，要想从中找出这些珍宝，却无异于是一场探险，或许《夺宝奇兵》中的印第安纳·琼斯（Indiana Jones）会想要去进行这样的探险。对于这家档案馆来说，没有卡片目录无疑是一种绝佳的信息保护方式。

对我们而言，和任何其他图书馆用户一样，仅仅拥有查找馆藏图书的权利还远远不够。如果我们想对比一下不同时代和地方的书，还需要准确地找出记录着书的元信息的卡片目录，以便我们了解哪本书是关于什么的，从而在进行自动分析时知道该如何对其进行分类。

起初，我们并没有觉得这是一个大问题。谷歌在收集 1.3 亿本书时，使用的就是来自数百个源头的目录信息。这些年来，各大图书馆的卡片目录都完成了数字化，这是最早受益于数字化的事物之一，原来那些实体卡片通常都被“冷落”了。然而，事实证明，哪怕是最好的卡片目录也会出错。

错误一旦酿成，一般不会很快得到纠正。卡片目录如此之多，即便是最忠实的图书馆用户也不能总是注意到这些错误。有时候，用户也会因此找不到书。在这种情况下，“非礼勿视，非礼勿听，非礼勿言”。有时候，错误出现在诸如图书出版地区之类的地方，但只要编码正确，用户们还是能找到相应的书。在这种情况下，卡片上错误的元信息对于读者而言影响不大，因为关键信息是正确的。

随着时间的推移，众多没有得到纠正的错误从实体卡片目录上迁移到了数字卡片目录上，然后又迁移到了谷歌采集图书时使用的“母目录”上，最后来到了我们这里。和只对某本书感兴趣的人不同，错误对我们影响很大：我们无法手工检查数百万本书。然而，这些卡片中有相当大一部分含有错误。如果我们使用这个目录元数据来产生 n 元词组表格，最终的结果就会非常糟糕且无法使用。而当我们使用含有错误的目录信息进行计算时，我们发现，隔壁办公室的朋友 16 世纪时就已经很出名了。当我们告诉她这个消息时，她否定了自己有那么老。要么是她对我们撒了谎，要么是我们的计算出了问题。我们该怎么办？

由于不能手工检查这些书，所以我们决定编写计算机算法以找出可疑的卡片——因某种原因包含了错误信息的卡片。以杂志为例，对于系列出版物如报纸、学术期刊以及其他期刊，图书馆会将创刊日期放在每一期上。这就意味着，按照我们的卡片目录检索，每一期的《时代周刊》都出版于 1923 年。对于我们的研究目的而言，这是一个大问题。

为了解决这些问题，我们编写了一个叫作“系列出版物杀手”（Serial

Killer）的算法，它可以找出任何可疑的系列出版物。我们还编写了一个叫作“快速确定日期”（Speed Dater）的算法，查看图书的正文，根据正文推测图书的出版日期。我们将两个算法相结合就可以识别出可疑的卡片以及对应的图书。然后，我们再将这些书从我们的分析中剔除出去。

解决：“清洗”脏数据

最终，2009年夏天，沈渊将两个算法和他的软件工程经验相结合，将那些愚弄我们的脏数据冲走了。数百万的书被冲到了计算的河流中，数量之大以至于触发了谷歌的内部报警系统。经过这次传奇般的清洗之后，剩下的图书只有最初的一小部分了。不过，剩下的数据集在规模和历史跨度上仍然是史无前例的：**5 000亿个词，前后贯穿5个世纪，涉及7种语言。该数据集中包含的书的数目超过了人类曾经出版过的所有书的4%。**

与清理前的数据集相比，这个大数据集同等重要。它的文本总长度是人类基因组总长度的1 000倍，其准确性是人类基因组计划（Human Genome Project）报告的基因序列准确性的10倍。

现在，我们输入的文本和卡片目录的元数据都是“干净”的了，它们生成的n元词组非常好。我们能够从中清晰地辨识出语言和文化的很多演变规律，例如，从throve到thrived的变迁，从telegraph到telephone的进步。从科学层面上讲，只要看一眼n元词组数据，你就会对它一见钟情。

告别：互联网巨头的担心

但是，和很多夏日恋情一样，伴随秋日的到来，我们对n元词组的爱很快就面临了秋季障碍。随着沈渊结束了在谷歌的实习，我们在不久之后也从谷歌离开，把数据留在了谷歌的防火墙之内。

我们希望谷歌能将这些数据发给我们。但是，这个互联网巨头并不想这么做。在谷歌看来，n 元词组数据很敏感。律师给出的理由很简单：这个 n 元词组数据集是从 500 万本书的正文中计算出来的。500 万本书对应着将近 500 万个作者。如果数据泄露招致了法律诉讼的话，也就对应着 500 万个原告。我们在具体设计 n 元词组的数据投影时，就考虑过这个问题。因此，我们当时选择了统计词的出现频次，而不是记录大段的文字。但是，我们的投影方式没有在法庭上进行过测试。因此，谷歌的担心也不无道理。

面对世界上最大公司之一的法律部门，我们能打的牌不多。但是，我们握有 20 亿个 n 元词组，所以不打算就此退却。

契机：史蒂芬·平克的名望

我们几乎用光了手中所有的牌。第一张牌是机会，获奖的阿维娃·艾登为我们打开了通往谷歌总部的大门。第二张牌是陌生人的友善，彼得·诺维格为我们开了绿灯，并愿意和我们合作。我们甚至还电话求助过一个朋友，他是我们很久没有联系的一位邻居，叫本·拜尔（Ben Bayer），曾经是谷歌研究院（Google Research）的“时空主管”（Master of Space and Time）——这可能是企业历史上最伟大的职务了。但是，我们还有一张王牌没有用过。

我们关于量化历史趋势的每份报告都受到了史蒂芬·平克（Steven Pinker）的关注，他是目前还在世的最杰出的科学家之一，也是我们一直敬佩的人。

平克是一位心理学家、语言学家、认知科学家，其研究具有超凡的广度和深度。作为畅销书作者，他具有一种非同寻常的能力，能够从最复杂的问题中清晰地提炼出其本质。例如，有一次，平克参加了一个叫作《科尔伯特报告》（*The Colbert Report*）的讽刺类新闻节目。斯蒂芬·科尔伯特（Stephen Colbert）问他大脑是如何工作的，并要求其用不超过5个词进行回答。平克想了几秒钟后说："脑细胞有规律地燃烧。"

让人感到幸运的是，平克的一位拥护者丹·克兰西在2009年夏天时正好担任整个"谷歌图书"项目的运营负责人。克兰西的级别很高，他一发话就能让我们从谷歌公司外部访问n元词组数据。但是，他非常忙，没有时间顾及我们和我们的小项目。在那个夏天即将结束时，形势变得清晰起来，如果平克愿意出席一个讨论n元词组的会议，那么常常神龙见首不见尾的丹·克兰西也会抽出时间参加。

于是，我们去找平克。看一看吧，我们已经生成了20亿个n元词组，你能帮助我们自由地使用它们吗？平克认为，我们的工作有潜在的应用价值，所以他答应会出席会议。而克兰西也同意来参加会议。因此我们就有了30分钟的时间来说明情况。几年前，平克被《时代周刊》提名为"全世界100位最有影响力"的人物之一。随着会议的进行，一切都变好了。对于平克而言，30分钟足够他施展魔力了。很快，n元词组就被派上了用场。那么，名望能带给你什么？平克的声望带给我们克兰西30分钟的时间。虽然不多，但足够了。

名望的万有引力

名望是蜜蜂，
它会唱歌，
它会叮人，
啊，它还有翅膀。

美国传奇诗人艾米莉·狄金森（Emily Dickinson）的这首诗抓住了名望的本质：富于诱惑、充满危险、能给人以提升的空间却又使人难以把握，等等。人们不禁会想，狄金森应该很了解名望，或许她就是美国最出名的诗人吧！

然而，狄金森和名望并没有直接的关系（见图 3-1）。她对名望的理解是出于直觉，而不是源自经历。她一生默默无闻。在狄金森 1886 年去世后差不多半个世纪，她留下的这首诗才成为人们广泛讨论的话题。

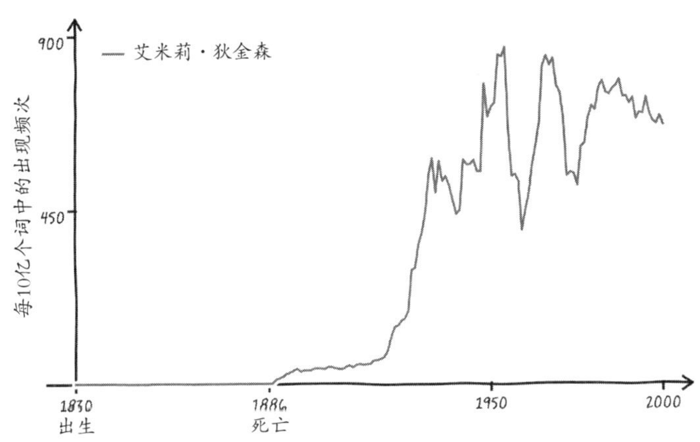

图 3-1　艾米莉·狄金森和名望的关系

那么，狄金森和名望的这种关系是一个例外，还是一般的规律？人们获得名望的方式、时间以及原因千差万别，似乎没有规律可循。作为查尔斯王子和戴安娜王妃的儿子，威廉王子一出生甚至在出生前就非常出名了，因为他终将会成为英国国王的命运在他尚未出生时就已注定。流行歌手贾斯汀·比伯（Justin Bieber）13 岁时就在 YouTube 上崭露头角，5 年后，他成为谷歌检索里的“名人”。有时，终生学习会换来一夜成名。当平克的畅销书《语言本能》(*The Language Instinct*)[1]出版时，40 岁的他一下子赢得了全世界的关注，那时候他已经是美国麻省理工学院的教授了。另外，尽管闻名整个美国的大厨朱莉娅·查尔德(Julia Child)年过 40 时还没有开始学习烹饪，但是她随后给美国烹饪界带来了革命性的变化，成了全美偶像。

和艾米莉·狄金森一样，很多著名人物终生都未能获得名望。凡·高生前几乎没有卖出过一幅画，他的天分至死都未获得认可。修道士哥白尼提出了“日心说”，他很清楚自己的这一想法非常具有颠覆性，因此他一直等到临终之时才将其公开发表。很多著名人物得到的都是身后的荣耀。正如美国南北战争时期的联邦军将领威廉·特库姆塞·舍曼(William Tecumseh Sherman)所说：“我认为，我明白什么是军事名望，那就是在战场上牺牲或者在报纸上被拼错名字。”

有些人的出名方式还真的很令人匪夷所思。有一个众所周知的例子，帕丽斯·希尔顿和金·卡戴珊这两位美国娱乐界的名媛获得名声的方式是一种自我实现的预言——因出名而出名。这些人展现出了名望赋予他们的强大万有引力：他们吸引我们的地方，不仅仅是他们的成就，还有他们的名人身份。

人们虽对名望那么着迷，却对名望本身知之甚少。

测量名望，你需要一个风洞

什么是名望？像能量和生命一样，名望是一个日常概念，每个人都能直观地理解，却很难给出定义。大法官波特·斯图尔特(Potter Stewart)有一句形容色情文学的名言：“当我看到它时，我能够辨别出来。”这句话同样

① 若想洞悉人类语言进化的奥秘，请阅读《语言本能》一书(已由湛庐文化策划、浙江人民出版社出版)。——编者注

可以被用来形容名望。但有一点很清楚，名望是有大小之分的：每个人都知道耶稣比约翰·列侬更出名，列侬比亚历克·鲍德温（Alec Baldwin）更出名，而鲍德温比吃热狗比赛的冠军小林尊（Takeru Kobayashi）更出名。我们很难对“更出名”给出一个精确的定义。像爱情和美丽一样，我们难以定义名望，更难以对其进行测量。**如果我们希望理解名望，那么了解如何测量名望是非常关键的。**虽然测量不是解决所有问题的唯一方法，但它是阐明概念的一个有力工具。如果一个概念无法测量，那么它将是模糊不清和难以捉摸的。

以“飞行”这个概念为例。1903年，发动机的发展使航空工程学风靡一时。那时，还没有飞机库（garage）。实际上，在1906年之前根本不存在garage这个词。如果那时有飞机库的话，每个飞机库里都会挤满准备率先发明飞机的人。那时候，飞机还只是一个概念，是指一个比空气重、能够靠自己的动力起飞并能进行可控飞行的设备。当时已有的机器都不符合要求。这些机器要么无法从陆地上起飞，要么飞上去之后很快就会掉下来。大部分发明者认为，问题出在引擎上，只要造出一个足够强大的引擎，就能够实现飞行的梦想了。

不过，来自美国中西部的自行车修理师奥维尔·莱特（Orville Wright）和威尔伯·莱特（Wilbur Wright）却不这么想。莱特兄弟认为，真正的问题出在机翼上。他们推测，如果没有一对好的机翼，再好的引擎也无济于事。那个时候，已经出现了很多关于机翼工作原理的数学理论。但是，当莱特兄弟开始钻研这些理论时却发现，这些理论和他们在之前失败的飞行测试中所看到的现象无法吻合。他们认为，对于机翼设计而言，理论只能做到如此了。理论对物理世界做了一些潜在的假设，而这些假设有可能是错误的。因此，问题并非出在理论上，而是出在测量上。他们需要做的是，以实验的方式来研究飞机机翼的气体动力学，构建用于测试的机翼，并快速地测量出这些机翼的状况。

在激烈的竞争中，莱特兄弟做了一次计算过的冒险。他们没有费力地进行多次飞行测试，而是花大部分时间待在他们在俄亥俄州代顿市（Dayton）的自行车店后面。在那里，他们用了几个月时间制作了一个测量机翼性能的工具。他们还使用一个小型汽油发动机持续不断地将气流吹向附近一个约为1.8米长的木质盒子里，形成了一个风洞。通过使用该风洞，莱特兄弟能够快速地对各个机翼的性能进行测量，精准地估计每个螺旋桨产生的升力和阻力。当然，使用风洞对螺旋桨性能进行测量是一种简化，是对机翼在飞行中的性能进行的一种不完美的模拟。不过，他们认为，有数据要比没数据好。如果你设计出的飞机经常坠毁，那么引入某种测量总是要比依赖直觉、勇气和好的灭火器可取得多。

事实证明，他们的大胆举措是至关重要的。由此，他们不仅弥补了理论的不足，而且超越了理论。威尔伯·莱特后来回忆道：

> 我们费尽力气搞出来的那个自制风洞的价值不容低估。奥威尔和我从中积累了很多数据，我们将这些数据制成表格，最终发明了准确而可靠的机翼。我们因自己设计出的“飞鸟”及其控制系统而出名。但是，如果没有那个自制的风洞及从中得到的气体动力数据，这一切都不会发生。

事实证明，莱特兄弟的风洞虽然简单，但却足以抓住机翼设计的关键。在他们的风洞里，莱特兄弟能够对每一个螺旋桨的性能进行精确的测量。基于测量的数据，他们发明了一个高度优化的机翼，并由此发明了飞机。1903年12月17日，莱特兄弟飞行成功，他们的名字被载入了史册。

如果想理解名望，那么我们也需要一个这样的风洞。

临摹名望，只是接近成名

名望的很多方面都是难以被测量的。例如，籍籍无名者的损失、聚光灯下的压力、明星被人遗忘后的感受。

名望的大小可以被测量吗？前面说过，我们有这样的直观感受：耶稣比约翰·列侬有名气；约翰·列侬比鲍德温有名气；鲍德温比小林尊有名气等。或许，名望的大小有望被测量。名望测量的一个重要方面是其名字被人们提起的次数，而被人们提起的次数很重要的一个表现是在书中的出现频次。好吧，说到书中的出现频次，我们的 n 元词组就能派上用场了。

当然，**我们不是使用 n 元词组测量名望本身，而是它的一种简化形式，即对名望进行一种临摹。我们将其称为“临摹名望”**。但问题是，临摹名望是否足以作为名望的“风洞”呢？

UNCHARTED

文化中的大数据

为了回答这个问题，我们先来看一个例子。查尔斯·狄更斯是一位著名的英国作家。他的第一部小说《匹克威克外传》（*The Pickwick Papers*）是 1836 年开始连载的一部作品——分成片段，按周期出版。《匹克威克外传》出版之后，二元词组“Charles Dickens”在我们的图书数据中的出现频次开始迅速攀升。和莱特兄弟的“飞鸟”（Flyer）一样，随着狄更斯源源不断地出版畅销书，他的“临摹名望”也持续攀升。狄更斯的畅销书包括：1837 年出版的《雾都孤儿》、1843 年出版的《圣诞颂歌》（*A Christmas Carol*）、1849 年出版的《大卫·科波菲尔》、1859 年出版的《双城记》和 1860 年出版的《远大前程》。这些著作的文化影响力非常大。据说，是《圣诞颂歌》让“圣诞快乐”（Merry Christmas）这句祝福语流行起来的，这和我们利用 n 元词组所发现的结果一致（见图 3-2）。

和狄金森一样，狄更斯在 1870 年的去世没有使他的名望衰退。相反，他的去世促使更多的人开始欣赏他的才华，他的名望随之飙升。在他去世几十年后，他的名字在书中的出现频次到达了顶峰。但是，二元词组“Charles Dickens”在 1900 年开始缓慢下降。虽然狄更斯在今天依然很出名，经常出现在很多学术测验和高中课程中，但是他的名望出现了明显的衰退，在过去一个世纪里一直如此。

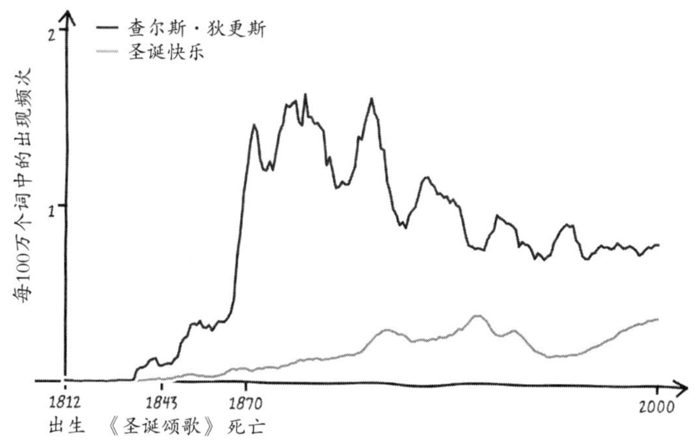

图 3-2 查尔斯·狄更斯和“圣诞快乐”

当我们将“Charles Dickens”这个二元词组放到我们的“风洞”中时，一些有趣的结果产生了——利用狄更斯的成就带来的公众关注可以对其名望进行貌似可信的测量。

但是，前景并非一片光明。从例子中可以看出，根据书中的出现频次测量出的“临摹名望”和体现在文化重要度上的直观概念并不总是一致的。任何测量设备都会出错。为了更好地理解误差出现的原因，了解一点儿误差分析理论多少有些帮助。误差分析理论是统计学的一个重要分支。

统计学家将测量设备产生的误差分成两类。**第一类误差叫作“随机误差”**

（random error）。**即便测量对象不变，随机误差也会因一系列相关因素微小的随机波动而产生。**这种误差通常以微小的波峰和波谷的形式出现。它虽然无处不在，却通常没有什么意义。随机误差的优点在于，测量出的曲线虽然很扭曲，但是一般都保持在真值附近。

第二类误差叫作“系统误差”（systematic error），通常很棘手。这类误差一般会让测量结果朝某个方向偏离，可能是放大，也可能是缩小。例如，我们测量名望的方法基于对人名出现实例的搜索。但是，这种测量方法可能只抓住了其中一部分的实例。假如只看 Charles Dickens 的出现频次，我们可能会错过下面这些实例：“Dickens”、“Charlie”或“C-Money”。而当人们使用“《匹克威克外传》的作者（the author of *The pickwick papers*）”或“凯瑟琳·霍格思的丈夫（the husband of Catherine Hogarth）”来称呼狄更斯时，我们会错过。当然，如果有人在谈及狄更斯时，采用下面的方式，我们也会错过：引用狄更斯作品里的一段话，或者说钦佩魔术师大卫·科波菲尔的技巧，又或者只是使用了一下短语“Merry Christmas”。

有这样一个例子，可以帮助我们理解关注提及狄更斯的每个出现频次到底有多困难。2011 年的一次电视竞选辩论中，当竞选共和党美国全国委员会（Republican National Committee）的迈克尔·斯蒂尔（Michael Steele）被问及他最喜欢的书时，斯蒂尔回答道：“《战争与和平》……这是最好的时代，也是最坏的时代。”他引用了狄更斯在《双城记》中的话。但是，《战争与和平》是列夫·托尔斯泰的著作。那么，斯蒂尔究竟是不是在谈论狄更斯呢？

这类错误是一种系统误差，错误地忽略了我们原本想要计算在内的东西，统计学家称之为“假阴性”（false negative）。由于这类错误，我们最终得到的“临摹名望”一般要比其真值低。

还有另外一类系统错误，叫作“假阳性”(false positive)，是指我们将原本不打算考虑在内的东西也归入其中。有些人在书中提及 Charles Dickens，可能实际上是指狄更斯的长子——作家小查尔斯·狄更斯（Charles Dickens, Jr.），或者是指他的孙子杰拉德·查尔斯·狄更斯（Gerald Charles Dickens）；又或者是指他的两个曾孙锡德里克·查尔斯·狄更斯（Cedric Charles Dickens）和彼得·查尔斯·狄更斯（Peter Charles Dickens）；再或者是指他的玄孙、演员杰拉德·查尔斯·狄更斯（Gerald Charles Dickens）。在计算“临摹名望”时，我们将这些都归到了查尔斯·狄更斯的头上。但是，统计学家知道，这种做法是有风险的。没有哪个统计学家比加利福尼亚大学伯克利分校的教授迈克尔·乔丹（Michael I. Jordan）对这个问题理解得更深刻了。如果想知道为什么，你可以用谷歌搜一下“Michael Jordan statistics”。

不过，我们其实还没有涉及我们方法中最复杂的统计问题。现在，让我们考虑一下 1936 年——有很多名人出生的那一年，其中两个是罗伯特·雷德福（Robert Redford）和瓦茨拉夫·哈维尔（Václav Havel）。

罗伯特·雷德福是一位著名的好莱坞明星。在过去的 50 年里，他在电影里扮演的诸多角色吸引了数千万人，这些电影包括：《走出非洲》、《骗中骗》和《惊天大阴谋》。粗犷英俊的外表使他成为美国人最喜爱的文化名人之一，也因此红遍全世界。

瓦茨拉夫·哈维尔是另一种名人。他是一位安静的剧作家，却在天鹅绒革命（Velvet Revolution）中领导捷克斯洛伐克脱离了共产主义阵营，成为捷克斯洛伐克的第一任总统。4 年后，他推动了捷克共和国和斯洛伐克共和国的和平分裂。哈维尔是 20 世纪最著名的政治人物和文学人物之一。

在 1936 年出生的人中，罗伯特·雷德福与瓦茨拉夫·哈维尔是最出名的10个人中的两个。但是，他们两个都不在这个榜单的顶部。那么，谁是1936年出生的人中最出名的呢？是一个叫卡罗尔·吉利根（Carol Gilligan）的女人（见图3-3）。

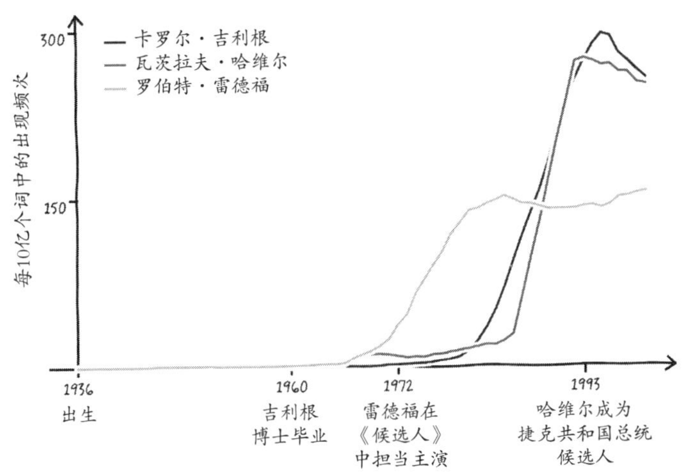

图3-3 1936年出生的3位名人

吉利根是一位著名的心理学家和杰出的女权主义者。她取得的开创性成就帮助她在哈佛大学赢得了职位，而她现在在纽约大学工作。和平克一样，她也曾被《时代周刊》评为“最具影响力的美国人”之一。她是学术界的超级明星。在谷歌收录的书中，卡罗尔·吉利根被提到的次数比瓦茨拉夫·哈维尔和罗伯特·雷德福都要多。如果“临摹名望”和名望是完全一致的，那么最著名的人当属这位学术夫人了。

UNCHARTED
文化中的大数据

现在，让我们回到现实吧！卡罗尔·吉利根并没有罗伯特·雷德福出名。她之所以在书中被谈论得更多一些，是因为她这个类型的人正

> 好是大多数书的作者所喜欢考虑的科学名人和社会批评家。但是，她不是经常出现在新闻头条上的那类人，也不是照片经常会被贴在公交车上的那类人，更不是能使数百万年轻女孩崇拜的那类人。
>
> 问题是，我们根据“谷歌图书”数据集测量出来的“临摹名望”无法考虑更多的情况。如果我们也考虑电视新闻里的提及次数、互联网名人站点的提及次数和办公室饮水机旁的提及次数等，相对于哈维尔和雷德福来说，吉利根肯定会相形见绌。吉利根“更出名”是由于统计学家们所谓的“抽样偏差”（sampling bias）。我们测量名望的方式给了吉利根不公平的优势——她的“临摹名望”超出了她真实的名望。

由此可见，我们的“风洞”不是没有缺陷。不过，这些缺陷也不是它独有的，而是属于经典的误差类别，是任何测量工具都会带来的。科学家们和统计学家们对误差已经研究了几十年了。将这些缺陷牢记在心，有助于将来开发出更好的测量工具。

“临摹名望”和真实名望之间的关系很好地阐释了我们研究中所采用的通用方法。像名望这样日常生活中的普通概念却是非常复杂，而且难以被精确定义的，因此我们很难对其进行量化。于是，我们开始寻找能够对其进行测量的东西，譬如，临摹名望，去尽可能地接近原始概念。**最终的结果是一种折中，我们使用模拟人物作为“小白鼠”，从而能够对名望进行严谨的实验研究。**如果有更好的数据集，能够将书和报纸、杂志、学术论文等结合起来进行考虑，那么我们的临摹名望就过时了，因此我们亟待更复杂的测量工具出现。类似地，和今天测试新飞行器时使用的可以产生 30 马赫风速的 LENS-X 级涡轮机相比，莱特兄弟的风洞无疑会黯然失色。

但是，就目前而言，我们设计的这个“临摹名望”仍是一个很好的开始。实际上，考虑到它的优点，我们不再区分“临摹名望”和名望了。为简单起见，我们将二者都称为名望。因为，近乎成名已经足够出名了。

当我们有了自己的“风洞”之后，能从个人“飞行”的气体动力学中学到些什么呢？又能从使飞机落回地面的作用力中学到些什么呢？

断代分析，将名望视作疾病来研究

当使用 n 元词组研究名望时，我们很快就意识到，每个名人背后的故事都不一样。而当我们试图从中找出一些模式时，所获得的结果似乎很难得到合理的解释，甚至会自相矛盾。我们陷入了数据的无底深渊。

为了弄清楚自己为什么会陷入深渊，我们需要做一次时间旅行——回到 1930 年挪威一个叫作克里斯蒂安桑（Kristiansand）的小镇。当地有一位叫作克里斯蒂安·安德沃德（Kristian Andvord）的医生，他试图理解当时正在困扰他父母和祖国的传染病。安德沃德专注于研究肺结核。如今，我们难以想象当时肺结核在挪威扩散的严重程度。例如，在挪威特隆赫姆市（Trondheim）1887—1891 年期间出生的婴儿中，有 1% 在 1 岁之前就死于肺结核。11~15 岁之间死亡的儿童中，其死亡原因有一半是肺结核。

那时候，我们很容易看出挪威正在发生着某件奇怪的事情。随着这场持续数十年之久的传染病慢慢消退，挪威肺结核患者的平均年龄也在逐渐增加。怎么会这样呢？

UNCHARTED
文化中的大数据

安德沃德（据说，还有一个和他一起工作的护士）想出了一个主意——断代分析。他不再研究整个人口中疾病随时间的爆发情况，转而将人口按照出生时间分成若干个群体。该分析方法的优势是，通过

> 控制住出生年份这个变量就能够更好地解释那些让人误解的效应，譬如，为什么饥荒只影响一代人。该方法的缺点是需要搜集更多的数据，这在克里斯蒂安桑这个小镇上是很难完成的。
>
> 和齐夫一样，安德沃德踏上了寻找数据之路。令安德沃德和医学界感到非常幸运的是，为了追踪死亡统计数字，挪威政府已经竭力搜集到了这样的数据。安德沃德能够得到的政府数据覆盖了 1896—1927 年的整个时期。作为对挪威政府所提供数据的补充，安德沃德还搜集了来自英格兰、威尔士、丹麦、瑞典的数据。有了如此丰富的数据，安德沃德现在可以回答之前一直困扰他的那些简单问题了。例如，对于 1900 年出生的人来说，他们什么年龄死于肺结核的可能性最大？那么 1910 年出生的人呢？ 1920 年出生的人呢？
>
> 安德沃德得出的答案是惊人的。事实表明，和出生的年份无关，人们最有可能感染肺结核的年龄段是 5~14 岁以及 20~24 岁。安德沃德的断代分析表明，肺结核患者主要是年轻人，而且一直如此。
>
> 但是，如果真是这样，当我们观测整体人口时，肺结核患者的平均年龄为什么会一直增长呢？当安德沃德查看肺结核的整体人口发病率时，他找到了问题的关键：同一个年代的人在一生中的什么时候死于肺结核的可能性大，是年轻还是年老？当安德沃德逐个检查各个年代的人群时发现，随着年代的推移，肺结核的发病率在不断降低。1920 年出生的挪威人一生中感染肺结核的可能性低于 1910 年出生的挪威人，而后者感染肺结核的可能性低于 1900 年出生的挪威人。依此类推。

安德沃德的发现从一个不同的角度解释了前面观测到的现象。结论是：**并非肺结核易感人群的年龄在日益老龄化，而是早期出生的人在一生中感染肺结核的可能性高于后出生的人。**这一发现很快就震惊了当时的医学界：年轻一代的挪威人对肺结核更有抵抗力。由此可见，传染病虽然致命但却是一种有效的大规模疫苗接种运动。

安德沃德的惊人结论虽然非常出人意料，但却被证明是正确的。这并不是他留给人类的唯一遗产。他的断代分析法是一种革命性的分析方法，随后成了传染病和公共卫生研究的一种必备科学工具。哪里搜集了关于公共卫生的大规模数据集，哪里就在使用安德沃德的断代分析法。我们感激安德沃德（可能还有他的护士）让我们掌握了以下知识：心血管疾病和高血压有关；肺癌和吸烟有关；糖尿病和血糖有关；以及其他数万种关联。这些知识使我们意识到：我们有很多不良的日常饮食习惯。

与肺结核的研究一样，对名望的研究也受到各种年代效应的干扰。例如，互联网的发明极大地影响了人们成名的方式。在我们最初的研究中，这些年代效应使我们很难明白到底是怎么一回事。

我们之前已经完成了任何一位优秀的数据科学家首先要做的事情。接下来，我们扪心自问，安德沃德会做什么呢？答案一下子就清晰了。我们应该使用断代分析法，将名望视作疾病来研究。

名人堂

当时，我们刚见到阿德里安·韦雷斯（Adrian Veres）。作为一名出类拔萃的大学生，阿德里安对不朽的名望已经有所了解：由于在英特尔国际科学与工程大奖赛（Inter International Science and Engineering Fair）中获得了第一名，他已经用自己的名字命名了一颗小行星——21758 阿德里安韦雷斯小行星（21758 Adrianveres）。

随后，我们和阿德里安一起，开始按照时代将名人分成群体，每个时代所对应的群体由那个时代最出名的人组成：吐温家族、甘地家族、罗斯福家族。我们选择 1800—1950 年期间出生的人进行研究。在我们的数据集中，

1800 年之前出生的人的数据质量不是很好。对于 1950 年之后出生的人，我们又没有足够长的时间来追踪其名望变化：1950 年出生的人大多直到 20 世纪八九十年代才成名，我们可用的数据只有短短几年的。阿德里安分析了数十万人，计算这些人的全名被提及的频次，例如马克·吐温。对 1800—1950 年之间的每一年，他都列出了 50 个那年出生的最有名气的人。他的工作成果让人印象深刻，那时候阿德里安小行星才刚满 6 岁。如果名气是一种疾病的话，阿德里安的列表中则包括了 7 500 个最严重的患者。

列出的这 150 组名人令人非常兴奋，他们获得名望的途径多种多样。以 1871 年这一组人为例，在这一年出生的最具名气的 50 个人中就包括奥维尔·莱特，正是他激发了我们的灵感，他因为掌握了如何飞行而出名。物理学家欧内斯特·卢瑟福（Ernest Rutherford）因著名的散射实验（scattering experiments）而出名，该实验证实了原子核的存在。而法国小说家马塞尔·普鲁斯特则因其优秀的著作而闻名于世。

1871 年出生的最出名的人是科德尔·赫尔（Cordell Hull）。你从没有听说过他吧？现在，他的确不那么出名。不过，在他生活的时代，赫尔是一位“泰坦尼克式”的人物。作为美国的国会参议员，赫尔是任期最长的国务卿。在富兰克林·罗斯福总统任期内，赫尔担任了 11 年的国务卿，经历了第二次世界大战。另外，赫尔在建立联合国的进程中还扮演了非常重要的角色，他也因此获得了诺贝尔和平奖。罗斯福本人曾称赞赫尔为“联合国之父”。作为 1871 年这组名人的领头羊，赫尔名副其实。

每一组名人都有着各式各样的精彩人生。1904 年这一组包括智利诗人巴勃罗·聂鲁达（Pablo Neruda）、超现实主义画家萨尔瓦多·达利（Salvador Dalí）、制造第一颗原子弹的曼哈顿计划（Manhattan Project）的领导者罗伯特·奥本海默（Robert Oppenheimer）。这一组人中的佼佼者是中国的一位领导人邓小平。而 1899 年那一组人中的佼佼者是欧内斯特·海明威。这组名人中还包括阿根廷作家豪尔赫·路易斯·博尔赫斯（Jorge Luis Borges）、演员弗雷德·阿斯泰尔（Fred Astaire）和亨弗莱·鲍嘉（Humphrey Bogart）、偶像级导演阿尔弗雷德·希区柯克、黑帮大佬阿尔·卡彭（Al Capone）等（见图 3-4）。如果这些人聚会时向你发了请柬，我想你一定不会拒绝。

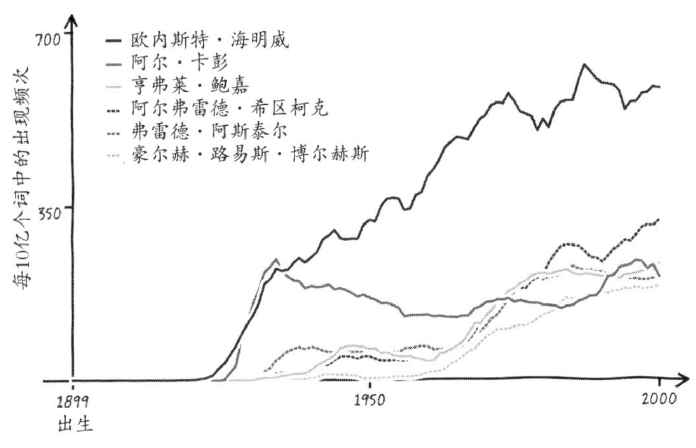

图 3-4 1899 年出生的名人

下面的表格中列出了所有 150 组名人中的佼佼者。看一看，你能认出多少人吧。你可以把这张表格当作自己所参加过的最客观的历史测试。这些名字不代表我们的观点，也不代表某位教师、教授或学术权威的观点。它们反映的是所有自 1800 年以来出版过英文书的作者的综合观点。

1800 年	乔治·班克罗夫特（George Bancroft）
1801 年	杨百翰（Brigham Young）
1802 年	维克多·雨果

1803 年	拉尔夫·沃尔多·爱默生
1804 年	乔治·桑（George Sand）
1805 年	威廉·劳埃德·加里森（William Lloyd Garrison）
1806 年	约翰·斯图尔特·密尔
1807 年	路易斯·阿加西斯（Louis Agassiz）
1808 年	拿破仑三世
1809 年	亚布拉罕·林肯
1810 年	利奥十三世
1811 年	霍勒斯·格里利（Horace Greeley）
1812 年	查尔斯·狄更斯
1813 年	亨利·沃德·比彻（Henry Ward Beecher）
1814 年	查尔斯·里德（Charles Reade）
1815 年	安东尼·特罗洛普（Anthony Trollope）
1816 年	拉塞尔·塞奇（Russell Sage）
1817 年	亨利·戴维·梭罗
1818 年	卡尔·马克思
1819 年	乔治·艾略特
1820 年	赫伯特·斯宾塞（Herbert Spencer）
1821 年	玛丽·巴克·埃狄（Mary Baker Eddy）
1822 年	马修·阿诺德（Matthew Arnold）
1823 年	戈尔德温·史密斯（Goldwin Smith）
1824 年	斯通威尔·杰克逊（Stonewall Jackson）
1825 年	贝亚德·泰勒（Bayard Taylor）
1826 年	沃尔特·白芝浩（Walter Bagehot）
1827 年	查尔斯·艾略特·诺顿（Charles Eliot Norton）
1828 年	乔治·梅瑞狄斯（George Meredith）
1829 年	卡尔·舒尔茨（Carl Schurz）

1830 年	艾米莉·狄金森
1831 年	坐牛（Sitting Bull）
1832 年	莱斯利·斯蒂芬（Leslie Stephen）
1833 年	埃德温·布斯（Edwin Booth）
1834 年	威廉·莫里斯（William Morris）
1835 年	马克·吐温
1836 年	布勒特·哈特（Bret Harte）
1837 年	格罗弗·克利夫兰
1838 年	约翰·莫利（John Morley）
1839 年	亨利·乔治（Henry George）
1840 年	疯马（Crazy Horse）
1841 年	爱德华七世
1842 年	阿尔弗雷德·马歇尔
1843 年	亨利·詹姆斯（Henry James）
1844 年	阿纳托尔·法朗士（Anatole France）
1845 年	伊莱休·鲁特（Elihu Root）
1846 年	布法罗·比尔（Buffalo Bill）
1847 年	爱伦·泰瑞（Ellen Terry）
1848 年	格兰特·艾伦（Grant Allen）
1849 年	埃德蒙·戈斯（Edmund Gosse）
1850 年	罗伯特·路易斯·史蒂文森（Robert Louis Stevenson）
1851 年	奥利弗·洛奇（Oliver Lodge）
1852 年	布兰德·马修斯（Brander Matthews）
1853 年	塞西尔·罗兹（Cecil Rhodes）
1854 年	奥斯卡·王尔德
1855 年	约西亚·罗伊斯（Josiah Royce）
1856 年	伍德罗·威尔逊

1857 年	庇护十一世
1858 年	西奥多·罗斯福
1859 年	约翰·杜威
1860 年	简·亚当斯
1861 年	罗宾德拉纳特·泰戈尔
1862 年	爱德华·格雷（Edward Grey）
1863 年	大卫·劳合·乔治
1864 年	马克斯·韦伯
1865 年	鲁德亚德·吉卜林（Rudyard Kipling）
1866 年	拉姆齐·麦克唐纳
1867 年	阿诺德·本涅特（Arnold Bennett）
1868 年	威廉·艾伦·怀特
1869 年	安德烈·纪德（André Gide）
1870 年	弗兰克·诺里斯（Frank Norris）
1871 年	科德尔·赫尔
1872 年	室利·阿罗频多（Sri Aurobindo）
1873 年	阿尔·史密斯（Al Smith）
1874 年	温斯顿·丘吉尔
1875 年	托马斯·曼（Thomas Mann）
1876 年	庇护十二世
1877 年	伊莎道拉·邓肯（Isadora Duncan）
1878 年	卡尔·桑德堡（Carl Sandburg）
1879 年	阿尔伯特·爱因斯坦
1880 年	道格拉斯·麦克阿瑟
1881 年	德日进（Pierre Teilhard de Chardin）
1882 年	弗吉尼亚·伍尔夫
1883 年	威廉·卡洛斯·威廉斯（William Carlos Williams）

1884 年	哈里·杜鲁门
1885 年	埃兹拉·庞德（Ezra Pound）
1886 年	范怀克·布鲁克斯（Van Wyck Brooks）
1887 年	鲁伯特·布鲁克（Rupert Brooke）
1888 年	约翰·福斯特·杜勒斯（John Foster Dulles）
1889 年	贾瓦哈拉尔·尼赫鲁
1890 年	胡志明
1891 年	胡适
1892 年	雷茵霍尔德·尼布尔（Reinhold Niebuhr）
1893 年	毛泽东
1894 年	奥尔德斯·赫胥黎
1895 年	乔治六世
1896 年	约翰·多斯·帕索斯（John Dos Passos）
1897 年	威廉·福克纳（William Faulkner）
1898 年	贡纳尔·默达尔（Gunnar Myrdal）
1899 年	欧内斯特·海明威
1900 年	阿德莱·史蒂文森（Adlai Stevenson）
1901 年	玛格丽特·米德（Margaret Mead）
1902 年	塔尔科特·帕森斯（Talcott Parsons）
1903 年	乔治·奥威尔
1904 年	邓小平
1905 年	让-保罗·萨特（Jean-Paul Sartre）
1906 年	汉娜·阿伦特（Hannah Arendt）
1907 年	劳伦斯·奥利弗（Laurence Olivier）
1908 年	林登·约翰逊
1909 年	巴里·戈德华特（Barry Goldwater）
1910 年	特蕾莎修女

1911年	罗纳德·里根
1912年	米尔顿·弗里德曼
1913年	理查德·尼克松
1914年	狄兰·托马斯（Dylan Thomas）
1915年	罗兰·巴特（Roland Barthes）
1916年	查尔斯·赖特·米尔斯（C. Wright Mills）
1917年	英迪拉·甘地
1918年	葛培理（Billy Graham）
1919年	丹尼尔·贝尔（Daniel Bell）
1920年	欧文·豪（Irving Howe）
1921年	雷蒙德·威廉斯（Raymond Williams）
1922年	乔治·麦戈文（George McGovern）
1923年	亨利·基辛格
1924年	吉米·卡特
1925年	罗伯特·肯尼迪
1926年	菲德尔·卡斯特罗
1927年	加夫列尔·加西亚·马尔克斯
1928年	切·格瓦拉
1929年	马丁·路德·金
1930年	雅克·德里达（Jacques Derrida）
1931年	米哈伊尔·戈尔巴乔夫
1932年	西尔维娅·普拉斯（Sylvia Plath）
1933年	苏珊·桑塔格（Susan Sontag）
1934年	拉尔夫·纳德（Ralph Nader）
1935年	埃尔维斯·普雷斯利
1936年	卡罗尔·吉利根
1937年	萨达姆·侯赛因

1938年	安东尼·吉登斯
1939年	李·哈维·奥斯瓦尔德（Lee Harvey Oswald）
1940年	约翰·列侬
1941年	鲍勃·迪伦
1942年	芭芭拉·史翠珊（Barbra Streisand）
1943年	特里·伊格尔顿（Terry Eagleton）
1944年	拉吉夫·甘地
1945年	丹尼尔·奥尔特加
1946年	比尔·克林顿
1947年	萨尔曼·拉什迪（Salman Rushdie）
1948年	克拉伦斯·托马斯（Clarence Thomas）
1949年	纳瓦兹·谢里夫（Nawaz Sharif）

对于这些历史名人，人们到底能认出多少呢？为了回答这个问题，我们做了一项完全不科学的抽样调查：哈佛大学历史系的一位教授认出了这150人中的116人；一位历史系的毕业认出了123人；一位新闻记者认出了103人；一位大学新生认出了73人；一位俄罗斯理论物理学家认出了58人；在新加坡读书的一位大学生认出了35人。

虽然他们每个人认出的名人差异非常大，但是有些名人却没有一个人能认出来。譬如，1868年出生的最出名的人威廉·艾伦·怀特，他是一位富有影响力的报纸主编，还是进步党的重要领袖；还有1886年出生的最出名的人范怀克·布鲁克斯，他是一位获得过普利策奖的历史学家，还是马克·吐温传记的早期作者。还记得科德尔·赫尔吗？很遗憾，只有那位哈佛大学的历史系教授认出了他。

值得注意的是，参与我们调查的人都未能认出所有名人。在高中学习历史时，我们知道了数千位名人。**但是，我们从历史课中了解到的名人，只是反映了历史课程编制者的选择——他们决定哪些名人需要被高中生知道。**例如，狄金森就受益于文学评论家在她去世后对其的评价，虽然她终生几乎没有形成影响力，但是这些文学评论家在她去世后认为她的作品非常重要。**我们赋予进行此类决策的人无上的权利——塑造我们历史观的权利。但是，任何人或任何组织拥有这样的权利似乎都是不应该的。**

快速地浏览一下这张名人列表，你很容易就能看出，这张列表不能作为我们的子孙后代了解历史的依据。在这 150 位历史名人中，只有 16 位是女性，而绝大部分都是男性白种人。可见，这张列表有着很深的偏见。

这究竟是谁的错呢？这一次，错误不在于写下这张列表的人。这张列表可能有很多缺点，但是它没有掺杂我们任何人的个人观点。我们只是进行了一些数据统计。而我们在这张列表中看到的偏见是其背后真正作者们的集体责任，包括每一位曾经出版过书的人。

大数据透镜 UNCHARTED

这种偏见是历史记录中的固有偏见。从某种程度上讲，它不仅仅反映在我们的列表中，而且还出现在所有的历史研究中。无论是像历史学家那样收集几十本书，还是像我们这样收集数百万本书，都是对同一个大数据集的抽样。没有人能够规避抽样偏差。历史或许会有偏好，但是统计学家却没有。

当然，知道历史记录存在偏见，并不是什么新鲜事。我们使用 n 元词组数据所做的就是测量偏见，以使我们更清晰地理解人们在历史记录中做错了什么。

如果能够很好地记起过去的偏见，或许我们将来就不会再重蹈覆辙了。

人类名望的风云变化：从 75 年到 7.5 分钟

> 未来，每个人能出名 15 分钟。
> ——无名氏

艺术家安迪·沃霍尔（Andy Warhol）曾经深入观察过名望的风云变化。不过，我们认为，他把一些数据弄错了。

现在，让我们使用我们的名人堂来揭示他犯下的错误吧！如果你仔细观察，就会发现每位名人的名望变化都是完全不同的。有些人年少成名，有些人大器晚成。有些人多才多艺，有些人专精一项。有些人硕果累累，有些人则是昙花一现。但是，如果宽泛地观察，你就会发现彼此的差异消失了，取而代之的是愈发明显的共同特征。这就是安德沃德断代分析法的神奇之处（见图 3-5）。

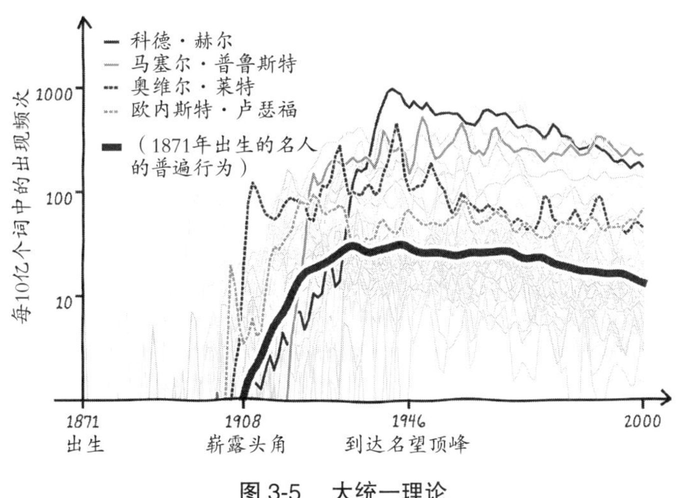

图 3-5 大统一理论

当我们使用断代分析法来看 1871 年出生的 50 位最出名者（科德尔·赫

尔所属的那一组）的普遍行为时，一种单一模式出现了——1871 年这组人成为名人的整体行为模式。我们也可以对 1872 年这组人做同样的分析，同时也观察到他们的行为存在一种单一模式。值得注意的是，尽管 1872 年这组人和 1871 年那组完全不同，但名望的平均发展趋势却几乎完全一样。实际上，我们研究的所有 150 组名人，名望的平均发展趋势都几乎完全一样。这条曲线的形状就是那些特别出名的人具有的典型名望变化模式。如果我们将名望视为物理范畴内的话，那么这条曲线就是大统一理论（Grand Unified Theory）的具体体现，或至少是某种类似的理论。

让我们更细致地观察一下到底是什么情况吧。

UNCHARTED
文化中的大数据

最初，我们没有观测到任何迹象。很长一段时间以来，以上这组名人在书里几乎没有被提及。不过，这也毫不奇怪。奥维尔·莱特在 12 岁时还在骑着自行车四处转着玩呢。虽然他那时曾声称自己有一天将飞起来，但是不会有人因为他的这个宣言而写一本书。

在几十年后的某一刻，这些人开始崭露头角——他们的名字在书中的平均出现频次超过了每 10 亿个词中出现一次。这是我们在上一章节中提到过的一个单词出现在词典里的最低频次。在我们看来，一个人成名的标准是：他的名字值得出现在词典里。

不过，这些人的崭露头角不同寻常。他们并没有在快速变得炙手可热后被人们迅速遗忘。相反，和其他组的名人一样，1871 年这一组的名人带着巨大的能量进入了公众的视野，他们的名望持续攀升。每过几年，他们的名字在书中的平均出现频次就会翻一番，几十年内一直飙升。用数学语言来讲，名望的生长是指数级的，与传染病或流行视频类似。在伟大的历史舞台上，这些人奏出了华丽的篇章。

> 最终，在 75 岁时，1871 年的这组名人到达了其名望的顶峰。在此之后，纯粹从数据上讲，这些人的名望开始走下坡路。对他们而言，接下来将是一段新的旅程——曾经精力十足的年轻人进入了长达数个世纪的缓慢衰退期。

名望变化的模式是：崭露头角、指数级上升、到达名望顶峰、缓慢衰减，而这一模式在我们研究的所有名人组中是普适的。不过，不同组之间还有着细微的差别。这些差别可以使用 3 个参数来描述：崭露头角的年龄、指数级上升的速度和到达名望顶峰过后的衰减速度。而从数学上讲，我们还需要第 4 个参数来描述这条曲线：达到名望顶峰的年龄。**不过，在我们测量的这些名人中，他们到达名望顶峰的年龄差别不大——所有名人都是在出生约 3/4 个世纪后到达名望顶峰的。**

我们首先看一下他们崭露头角的年龄。当半数组员的名字已经如词典里的词般被人频繁提起时，整个组的其他成员也会逐渐变得有名。对于 1800 年出生的那组名人，这一时刻发生在他们 43 岁时。于是，我们勉励自己说：还不错，我们还有时间出名。**不过，名人们崭露头角的年龄越来越小。实际上，到 20 世纪中期，这一年龄已经下降到了 29 岁。**

这一点很值得我们思考：在 1950 年出生的这组名人中，当他们 29 岁时，他们中已经有一半的名字在英文书中的出现频次达到了词典里的词的出现频次。这就意味着，他们已经十分出名了。

对于我们中的大多数人而言，我们的头脑因此一下子变得清醒了。例如，当我们进行这项研究时，让 - 巴蒂斯特 · 米歇尔 28 岁，刚好来得及——米歇尔还有希望成为名人，不过很明显他要加快脚步了。然而，30 岁的埃雷兹已经赶不上了。

如果你的目标是成为同代人中最出名的那个，那我们的这项研究就很有用了。怀有抱负的十几岁或二十几岁的读者们，赶快行动起来吧。三十几岁的读者应该明白，我们已经落后了。超过 40 岁的读者可能更希望得到一些外部指导。而我们在下一章里会谈到与此有关的话题。不过，请不要灰心，我们也有退休之后获得名望的策略。

在这个年代，人们成名的年龄年轻化了，而名望增长的速度也在加快。1800 年出生的名人的名望每 8 年翻一番，在 43 岁成名到 75 岁到达名望顶峰之间，名望可以翻四番。而 1950 年出生的名人的名望翻番所需的时间就更短了，只需要 3 年。

因此，虽然这些名人成名的模式是一样的，但是年轻组显然比老年组更有名气。如果将名望视为一种疾病，那么名望和肺结核的状况则完全相反。和肺结核呈现出的年轻一代更有抵抗力不同，**越是年轻的一代人越有可能会获得名望**。今天仍旧在世的最出名的人比他们的前辈更为出名。

为了弄清楚这些名人到底有多高的名望，我们认为，有必要将他们和我们日常碰到的事物进行比较。我们以农产品作为参考对象。在比尔·克林顿的名望已经达到顶峰时，二元词组“Bill Clinton”（比尔·克林顿）和单词 lettuce（生菜）的出现频次几乎完全一样——两倍于单词 cucumber（黄瓜）的出现频次，是单词 tomato（西红柿）出现频次的一半。他的知名度远远超过了两类蔬菜，像 turnip（萝卜）和 cauliflower（菜花），更不用提那些名气更差的 rutabaga（芜菁甘蓝）和 kohlrabi（甘蓝）了。

第三个参数是名望在到达顶峰之后的衰减速度。和放射性元素以及不规则动词一样，**名人的名望也有半衰期——衰减到一半一般所需要的时间。这个参数的时间尺度也在变短。1800 年名人组的名望半衰期是 120 年。到**

1900 年时，这一名望半衰期降到了 71 年。现代的名人所获得的名望更高，同时也被忘记得更快了。我们是多么健忘呀，我们已经忘记了之前引用的无名氏的话了，他是不是这么说的啊：未来，每个人都能出名 7.5 分钟。

幸运的是，拥有极高名望的人不用担心。他们一定记得这样一个故事。有个人在出席会议时听到太阳将在 45 亿年后消亡。于是，他大声叹息道："终于解脱了，我一直以为是 450 万年。"等到名望半衰期的下降影响到这些拥有极高名望的人时，他们的名望也早已经消失了。

如何获得名望：职业选择指南

有些人可能还很年轻，还没决定好自己将来想成为什么样的人。那么，你想成为一位作家，通过语言的力量影响读者吗？你想成为电影演员，通过优秀的演技赋予电影角色以生命吗？你想成为歌手吗？还是舞蹈演员、教师、警察、政治家、摇滚明星？你想成为第一个登上火星的宇航员，还是下一个巴勃罗·毕加索？所有这些，你都可以选择。

职业选择的最大挑战是缺少能够提供参考的可靠数据。在一定程度上，数据可以帮助我们了解：如果选择了某种职业，我们将来的生活会变成什么样子？这就是当你向别人咨询职业选择时得到的回答总是模糊不清的原因。

但是，我们靠数据说话。平时，很多人会给出一种随意的"天赐之福"型的建议，但这不是我们的风格。而我们将向你展示一些冷冰冰的、定量的统计数据，帮助你作出艰难的决定。

当然，我们假设你唯一关心的事情是获得极高的名望。

我们首先会将目光聚集在焦点小组上——由 1800 年到 1920 年之间出生

的名人组成，按照他们的职业分成不同小组。我们研究 6 类人可能的职业选择：演员、作家、政治家、科学家、艺术家和数学家。对于每种职业选择，我们将选择 25 个最出名的人作为这个职业的焦点小组。如果你打算成为一位股票经纪人、咖啡师或者卡通演员，那么算你运气不好：这些职业没有被包含在我们的研究范围内。

当然，你可能不只是想知道自己在每个职业上能够获得多高的名望。如果去世很久之后或者年纪很大的时候才成名，你可能会觉得没有意义。这就如同找到一份高回报的工作，而第一份薪水却在一个世纪后支付一样。为了作出明智的决定，你想知道的是，你在有生之年预期会有多高的名望（假设其他事情都一帆风顺，那你只需要选择一个让自己最出名的职业）。那么，图 3-6 就是我们为你量身打造的策略。

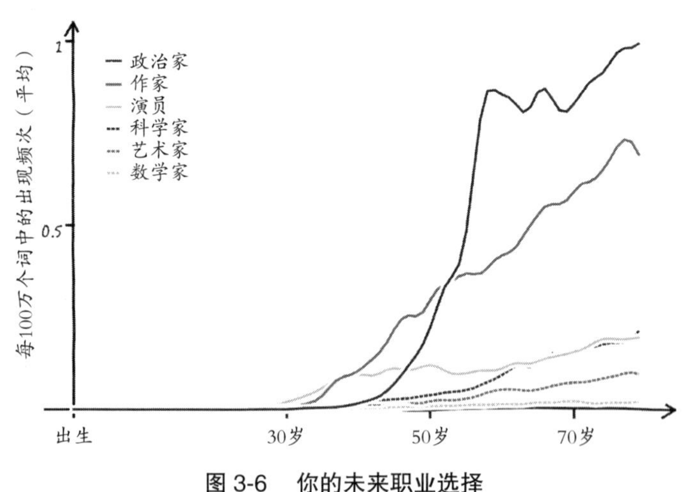

图 3-6　你的未来职业选择

这幅图将使你的职业选择变得容易得多。

如果想年少成名，那你可以选择做一名演员。**演员一般会在接近 30 岁**

或 30 岁出头时成名，拥有一辈子的时间享受自己的名气。不过，我们研究的这些演员还不能利用电视等大众媒体推动其职业发展，其获得的名望也没有其他某些职业的名人高。

如果你想将对名望的满足延迟一小段时间，选择做一位作家会比较合适。**作家一般在接近 40 岁时成名，但是撰写传世佳作的顶级作家最终获得的名望要比演员高得多。**这一点在我们所采用的图书数据上格外明显，因为作家喜欢写其他作家的事情。（这是另一个抽样误差：n 元词组的“主场优势”。）

与你的预期相反，如果你非常想推迟成名的时间，那你最应该选择做政治家。**政治家一般都在 40 岁之后、50 岁之后甚至 60 岁之后才达到他们名望的顶峰。**这时候，最出名的政治家一般会被选为美国总统（25 个人中占了 11 人），或者成为其他国家的领导人（另外 9 人），他们的名望会迅速超过前两组人。因此，如果你现在 50 多岁，而且尚未成为家喻户晓的人物，那么政治正在向你招手。

接下来，我们来观察一下科学家。**最著名的科学家最终获得的名望和演员相差不人。但是，他们获得名望所需要的时间要长一些，一般是在 60 多岁时，而不是演员一般所要成名的 20 多岁。**较低的名望，较长的等待。很明显，和研究大爆炸理论相比，出演连续剧《生活大爆炸》是一个更好的选择。

更坏的选择是绘制大爆炸理论或者绘制其他任何东西。在我们的列表中，**艺术家遭遇了不公正的待遇。他们和科学家等待的时间一样长，获得的名望却只有其一半。**

不过，如果你想出名，最坏的选择是像我们一样：从事数学研究。

你或许不这么认为。毕竟，据说数学家们最出色的工作大多是在他们年轻时完成的，在那之后，他们就可以跷起二郎腿休息了。例如，著名数学家卡尔·弗里德里希·高斯在 19 岁时就发明了模算术（modvlar arithmetic）；证明了二次互反律（law of quadratic reciprocity）；推导出了素数定律（prime number theorem）——这是所有数学问题中最深刻、最根本的问题之一；还发现了将整数分解成三角数的深奥结论。这并不是他 19 岁那年做的所有事情，其实做这些事情只花费了他 3 个多月的时间。这是多么伟大的成就呀！

尽管如此，公众根本不关注像高斯这样的数学家年轻时做了什么。我们焦点小组里的数学家们成名时，大多都已经去世了。数学不会让人成名。证明完毕。

恶名，最极端的成名方式

现在，我们知道了人们何时成名、如何快速成名、如何被迅速遗忘，甚至哪种职业选择会带来名望，等等。但是，如果我们的研究就此结束，那么我们对名望和 n 元词组的讨论似乎并不完美，我们还少问了一个简单的问题：**在过去两个世纪内出生的人中，谁是最出名的人呢？**

为了找出谁是最出名的人，我们需要稍微改变一下研究方法。我们前面所采用的策略——统计人名全称的出现频次在研究某个人或者某组人的名望变化时是一种很好的策略。但是，如果在对比不同的人的名望变化时，仍然采用人名全称的出现频次可能会引起各种各样的奇效。因此，这一策略就不再适宜了。

例如，考虑下面这样一个情理之中的事实。在提及大部分人时，作家倾向于使用某个人的姓，而不是他的全名。所以，当你看到单词 Einstein（爱因斯坦）时，前面带有单词 Albert（阿尔伯特）的概率只有 1/10。

但是，如果某个人的名和姓都只有一个音节那么长，那么人们更喜欢写出他的全名。如果你看到单词 Twain（吐温），前面出现 Mark（马克）的概率则会超过 50%。

解决这个问题的最简单的方式是不再统计人名全称的出现频次，而是统计他们的姓氏。这种方式具有另外一个优势，如前所述，你会得到更多的出现频次。而它的一个劣势是，一些非常出名的人具有相同的姓，像富兰克林·德拉诺·罗斯福和西奥多·罗斯福。在提到罗斯福时，这两个人都占有很大的比例，所以使用 n 元词组数据就会难以统计出他们两人在书中准确的出现频次。

另外一个值得注意的重要事情是：我们的方法无法区分名望和恶名。n 元词组数据没有足够的上下文——缺乏出现在每个名字之前或之后能帮助辨明意思的语句，那也就无法判定这些人名的出现是由于别人的肯定还是否定。

这个问题让我们很不安，于是，我们打算针对这个问题进行单独讨论。就目前这个阶段，我们所使用的这类列表仅仅可以被视为一项仍需不断完善的工作，最多可以算作“莱特式的风洞”，而不是 LENS-X 级别的涡轮。

我们列出了过去两个世纪中出生的 10 个最出名的人：阿道夫·希特勒、卡尔·马克思、西格蒙德·弗洛伊德、罗纳德·里根、约瑟夫·斯大林、弗拉基米尔·列宁、德怀特·艾森豪威尔、查尔斯·狄更斯、贝尼托·墨索里尼、理查德·瓦格纳。

希特勒——人类历史上罪大恶极的人之一，但却排在名人榜第一位。当看到这一结果时，相信每个人都会觉得很吃惊。实际上，这个名人榜上至少出现了两个大规模的屠杀者：希特勒的纳粹政权屠戮了 1 000 万 ~1 100 万无辜的平民和战俘；其轴心国同盟意大利的独裁者贝尼托·墨索里尼是埃塞俄比亚种族灭绝的罪魁祸首，使 30 万人丧生。

可见，凶手和名望是有联系的。当代美国就面临着这样一个悲惨的事实：美国时不时地会发生一起由精神错乱的持枪凶徒对公众实施的疯狂杀戮。在此惨痛现象的背后有一个令人难以忍受的疑问：一个籍籍无名的恶徒在行凶之后，多大程度上会成为大众媒体的焦点？一方面，此类新闻报道很重要，因为人们需要知道发生了什么。但是，另一方面，新闻报道所带来的关注有可能变成一些恶徒行凶的动机。刺杀约翰·列侬的凶手马克·大卫·查普曼（Mark David Chapman）曾对他的假释裁决委员会多次宣称："我只是为了引起关注。"从某种意义上讲，他盗窃了约翰·列侬的名望，使之成为自己的名望。

令人感到悲哀的是，当我们查看历史记录这个最大的时间轴时，类似的效应同样成立。我们使用 n 元词组回到过去，将过去两个世纪分成 20 个 10 年，再找出每 10 年中最有名气的 10 个人。1940 年左右，希特勒还没有被人知晓。但是，到 1950 年，在希特勒以史无前例的残暴实施暴行之后，他和墨索里尼分别跳到了第 1 位和第 5 位。相比之下，亚伯拉罕·林肯——或许是最伟大、最具道德勇气的美国总统，却从未进入过前 5 名。

正如我们所看到的，使用 n 元词组探索名望既十分有趣，也令人困惑。黑暗就隐藏在 n 元词组之后，没有比这一点更黑暗的了：没有什么东西比制造极端罪恶来出名更快的了。这到底意味着什么呢？我们将这个问题留给大家去思考。

这是唯一的方式吗？实际上，n 元词组也为我们提供了一些暗示。在希特勒成为名人榜中的第 1 位之前，1880—1940 年间一直占据第 1 位的人并不是一个制造了大规模屠杀的罪魁祸首。他是一位作家、一位社会评论家、一位“和蔼可亲的幽默家”，大多数人认为他是一位好人。他还会祝我们：“Merry Christmas!”

他就是查尔斯·狄更斯。战争与和平。这是最美好的时代，也是最糟糕的时代。

量化人文 一步之遥，名望天地间

1957 年，苏联发射了第一颗人造卫星，引发了全世界的关注，也掀起了一场太空竞赛。1969 年 7 月 21 日，两名美国宇航员登上了月球并进行了月球漫步，这标志着美国赢得了这场太空竞赛。

更具体地说，是尼尔·阿姆斯特朗（Neil Armstrong）赢得了这场太空竞赛。他在太空中飞行了超过 38 万公里，成为第一个在月球表面行走的人。你很有可能听说过他。

不过，你可能没有听说过另一位美国英雄巴兹·奥尔德林（Buzz Aldrin）。①奥尔德林也曾在月球上行走，同样实现了人类数万年的登月梦想。他的这次月球漫步也是在 1969 年 7 月 21 日。但是，他不是第一个：奥尔德林迈出第一步仅比阿姆斯特朗晚了 19 分钟又 0.01 秒。结果，他的名望还不到阿姆斯特朗的 1/5（见图 3-7）。

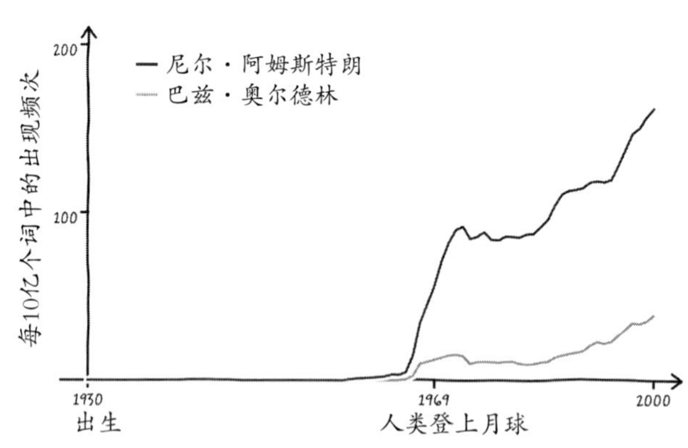

图 3-7 两位登月英雄的名望对比

① 如果你知道这次登月任务中第三位宇航员的名字，请举手。在阿姆斯特朗和奥尔德林于月球表面漫步时，这位宇航员在围月球运转的指挥舱中，他的名字是迈克尔·柯林斯（Michael Collins）。

奥尔德林的遗憾启示我们：如果你正在计划做一件传奇的事情，那最好在 20 分钟的咖啡时间之前就做完。

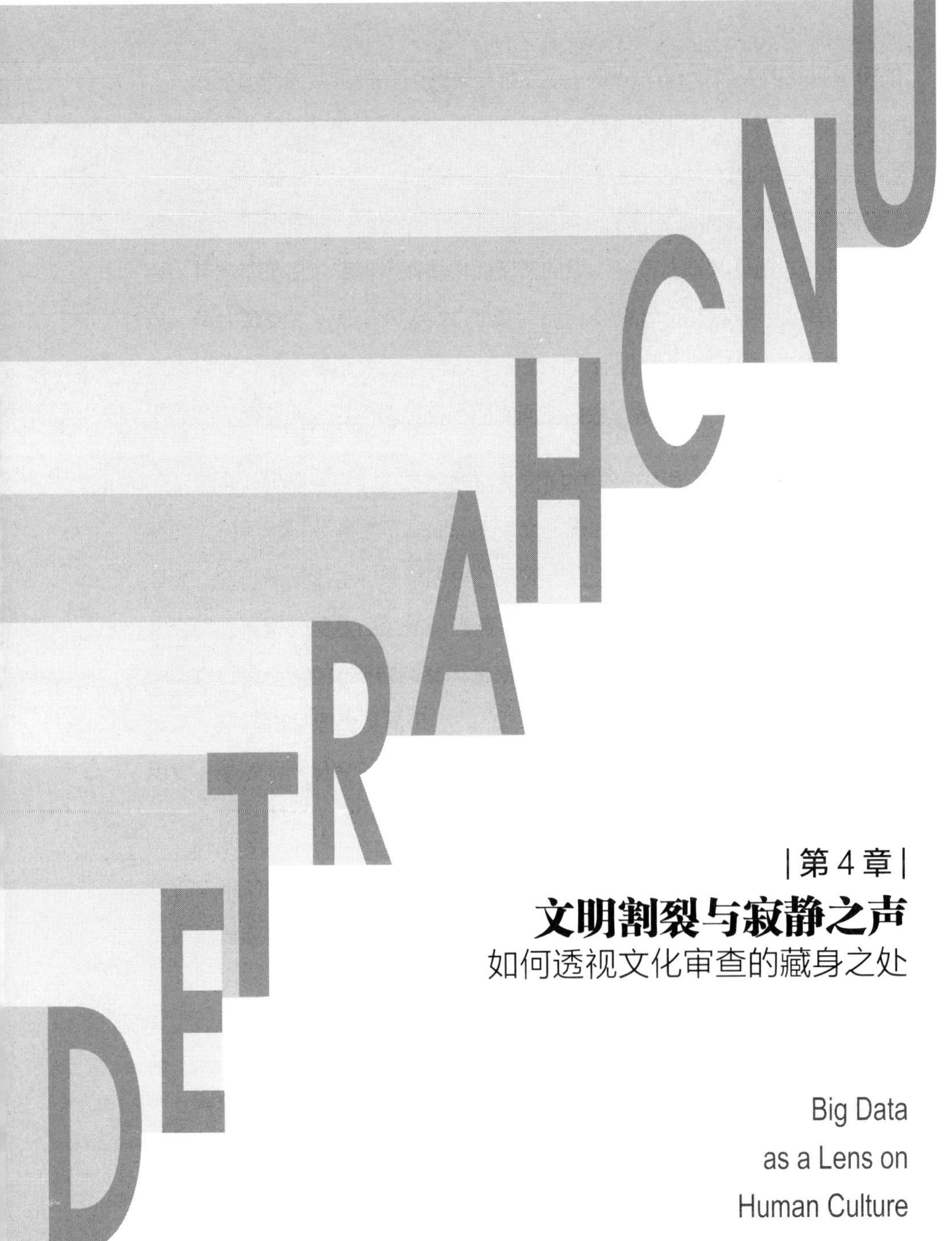

|第 4 章|

文明割裂与寂静之声

如何透视文化审查的藏身之处

Big Data
as a Lens on
Human Culture

书中蕴含的百万声音，诉说着有关人类文化和历史中那些悠久而迷人的故事。然而，并不是每个人的声音都能够被图书记录下来。有时候，遗失的声音带来的沉默能够淹没一切。

海伦·凯勒的声音就差点儿在人类文化中遗失。出生于 1880 年的海伦·凯勒在她 19 个月大的时候染上了一种疾病，从此失去了视力和听力。在凯勒生活的时代，失去视力和听力的人几乎不可能接受教育。不过，凯勒没有放弃，她成了第一个获得学士学位的聋盲人。最终，她成长为一位极具影响力的作家、政治活动家、残疾人权利的强力捍卫者。在这一过程中，凯勒成了数百万人心目中的英雄以及人类战胜逆境的标志。然而，在人类历史最黑暗的时刻，凯勒再次面临不得不让自己沉默的现实。

1933 年，纳粹开始掌管德国，打算控制德国政府和人民，甚至文化。这场运动的一个表现是：焚烧德国当局认为具有“非德国精神”（un-German spirit）的书。受纳粹领导人敦促，学生暴徒强行将这类书从图书馆和书店带走并付之一炬。此种焚书行为遍布整个德国，而这其中被列进黑名单的作家就有海伦·凯勒。

凯勒通过一封公开信对此进行了回应，这封信被发表在《纽约时报》等众多报纸的头版头条，彰显着一种永恒的强烈抗议。信的内容如下：

致德国的学生们：

如果你们认为思想可以被扼杀，那么你们的历史就白学了。在这之前，历史上的暴君已经尝试过很多次了，但思想每一次都坚毅地重新站了起来，并最终战胜了那些暴君。

你们可以烧掉我的书，也可以烧掉欧洲最好的书。但是，这些书中的思想已经通过数百万个渠道传播出去了，而且还将继续催生其他思想。我把我的书的所有版税都捐给了在第一次世界大战中失明的德国战士，我没有别的想法，只是希望能够给德国人民送上我的爱和同情。

我谴责那些给你们带去狭隘思想的罪恶之源。我强烈谴责这种将自己的罪恶传递给下一代的不义和愚昧的做法。

不要以为外界不知道你们对犹太人犯下的暴行。上帝没有睡着，他必将审判你们。对你们而言，在脖子上挂上磨石然后投进大海只是很轻的惩罚，你们必将被所有人憎恨和咒骂。

海伦·凯勒

1933 年 5 月 9 日

凯勒这句激情澎湃的宣言——“如果你们认为思想可以被扼杀，那么你们的历史就白学了”引起了全世界的共鸣。这句话引发了对纳粹的国际公愤，最终迫使纳粹的宣传机器将焚书说成是非官方的“德国学生联合会（German Students Association）的自发行为”。

尽管凯勒在世界舆论的法庭上取得了胜利，但她的观点真的正确吗？思想真的不可能被扼杀吗？我们迫切地期望能够回答这一问题，而这就促使我们去触及人性的阴暗面：**充满言论审查、言论压制和丑恶行径的世界。**若想一睹这样的黑暗现实，没有比研究世界名人的生活更好的观察窗口了，譬如艺术家马克·夏加尔（Marc Chagall）。

彩色玻璃窗

> 从图书馆里找出一本书，然后从中选择一幅你喜欢的画，接着对其进行临摹就可以了。

这是莫依希·夏加尔（Móyshe Shagal）从同学那里得到的关于如何绘画的建议。这条建议开启了他非凡的艺术生涯，将他从维捷布斯克（Vitebsk）一位鱼商的儿子莫依希·夏加尔变成了“20世纪犹太艺术家的典范”马克·夏加尔。

作为现代主义运动的先驱，夏加尔是20世纪中期的领军艺术家之一。他设计的彩色玻璃窗更使其闻名遐迩，那是颜色、玻璃和光线的完美融合，尤其是他的《耶路撒冷》——这些窗户甚至出现在了以色列的邮票上。夏加尔设计的彩色玻璃窗还被联合国和欧洲的大教堂采用过，以彰显其气势。“马蒂斯（Matisse）[①]去世后，”巴勃罗·毕加索曾经说过，“夏加尔就成了当时世界上唯一一个懂得颜色真谛的人。”

和我们上一章讨论的许多著名人物一样，夏加尔年轻时就已经名声在外了。1917年俄国十月革命后，年仅30岁的夏加尔就出任维捷布斯克地区艺术人民委员。然而，战争和饥饿随之席卷了整个俄国。不久后，虽然夏加尔已经是俄国当时最著名的年轻艺术家之一，但他还是向西去了巴黎。

---

① 亨利·马蒂斯是法国著名画家，野兽派的创始人和主要代表人物，也是一位雕塑家、版画家。他以鲜明、大胆的色彩运用而闻名。——编者注

1923 年，夏加尔抵达巴黎。那时候，他在巴黎还不是很出名，仍需要拼命努力来重建自己的名望。他非常清楚他的移民选择给自己的名望和声誉所造成的影响。夏加尔在写给回到俄国的艺术评论家和收藏家帕维尔·埃廷格（Pavel Ettinger）的信中吐露过这一心声：

> 我担心我的形象在人们的心中会变得越来越小……慢慢消失……这不足为怪。我在这个绘画之乡已经生活了一段时间。我能和你说点儿什么有关我的事呢？或许我可以说很多，不过还是简短点儿说吧。渐渐地，法国人开始注意到我了……
>
> 1924 年 3 月 10 日

简短起见，夏加尔将他当时那段时间的经历总结为“法国人开始注意到我了”。与此同时，他也流露出了对自己的形象在故乡可能会慢慢消失的担心。夏加尔和埃廷格这两个人曾长期进行书信来往，而这封私人信件的核心则体现了夏加尔的忧虑。他的这份忧虑是可以量化的：人们思考、谈论、写到夏加尔的频繁程度如何？

当然，夏加尔缺少测量自己到底有多出名的精确方式，更不清楚自己名望的变化趋势。但是，至少从他的名字在书中的出现频次这个角度来看，我们就可以轻易地了解夏加尔的名望变化（见图 4-1）。

夏加尔的估计完全正确。我们可以从他写给埃廷格的信中清晰地发现，他的移民选择对其名望的影响在当时就已经相当明显了。

然而，夏加尔的名气很快将被不受他控制的事情所左右。在莱茵河的另一边，一支军队正在集结。像夏加尔这样的众多前卫艺术家很快就被打上了“非德国”的标签。夏加尔的处境甚至更为岌岌可危，因为他是犹太人。

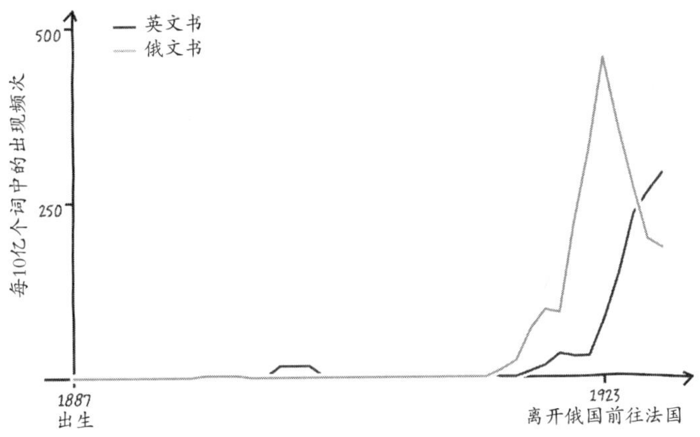

图 4-1　马克·夏加尔的名望变化

“堕落的艺术”

20 世纪 20 年代，德国是艺术家的天堂。达达主义（Dada）、包豪斯建筑学派（Bauhaus）、表现主义（Expressionism）和立体派（Cubism）等都起源于那里。然而，阿道夫·希特勒强烈反对这些艺术风格。它们表现出的无拘无束的本性和希特勒准备控制社会文化的计划完全背道而驰。

希特勒希望对德国文化施加严格的控制，为了寻找借口，德国当局开始广泛宣传 19 世纪和 20 世纪之交的评论家马克斯·诺尔道（Max Nordau）的理论。诺尔道声称，现代文化的许多方面，譬如前卫艺术，就是迄今为止尚未被揭示的某种精神疾病（例如，视觉皮层功能紊乱）的一个副产品。基于此，纳粹宣称，有必要让德国文化摆脱这种影响。而纳粹为其贴上了“犹太主义”的标签，尽管诺尔道本人就是犹太人，而且是犹太复国主义运动的重要领导人。1933 年 9 月，希特勒让德国宣传部部长约瑟夫·戈培尔（Joseph Goebbels）建立了帝国文化厅（Reich Culture Chamber）。而该厅的使命是：

执行希特勒净化德国文化的计划。

在戈培尔的领导下，帝国文化厅成了迄今为止德国艺术生活中最重要的机构。戈培尔宣称：“未来，只有帝国文化厅的会员才被允许在德国进行文艺创作。会员资格则只提供给那些符合条件的人。”除此之外，会员还被要求出示其祖先是雅利安人的证明，并且要乐于拥护帝国文化厅的意识形态。因此，戈培尔放心地总结道：“这种方式可以将所有不想要的、有害的元素都排除在外。”尽管如此，纳粹仍不满足于仅通过这种“卡夫卡式”的严格会员要求来削弱艺术家们的创造力。1937 年 6 月，戈培尔任命希特勒最喜欢的一位画家阿道夫·齐格勒（Adolf Ziegler）领导帝国文化厅的一个新的委员会。这个委员会的任务是从德国各地查抄纳粹眼中的“堕落艺术品”，无论这些艺术品是公有的还是私有的。

作为一位超现实主义的表现主义者，并且还是一名犹太人，夏加尔首当其冲。他的作品很快就在德国消失了。同时，数千件其他“堕落艺术品”被查抄，其中很多作品都出自举世闻名的现代艺术家之手。这些艺术家包括：乔治·布拉克（Georges Braque）、保罗·高更（Paul Gauguin）、瓦西里·康定斯基（Wassily Kandinsky）、亨利·马蒂斯（Henri Matisse）、皮特·蒙德里安（Piet Mondrian）和巴勃罗·毕加索，等等。这些被查抄的艺术品中，有些被破坏了，有些被纳粹的头目收藏了，还有些则被埋在了诸如奥尔陶斯（Altaussee）盐矿之类的遥远地区。这场运动对艺术界的影响难以估量。2012 年，当爱德华·蒙克（Edvard Munch）的绘画作品《呐喊》（*The Scream*）在纽约现代艺术博物馆（Museum of Modern Art）展出时，一位德国犹太裔银行家（这位银行家曾经是这幅作品的所有者）的继承人坚决要求博物馆在这幅作品旁边加上注释，以说明他们的父亲是在纳粹掌权之后被迫出售这幅画的。

史上最火爆的艺术展

在纳粹看来，没收前卫艺术品并禁止其创作者继续创作的压制仍远远不够。戈培尔和齐格勒不只是想在德国抹掉现代艺术的痕迹，还打算让现代艺术名誉扫地。出于这个目的，他们在慕尼黑同时举办了两个艺术展：一个艺术展展出德国当局认可的艺术家的作品；另一个艺术展展出的则是齐格勒和他的亲信查抄上来的作品。1937年，齐格勒在展览开幕式的演讲中发出邀请："德国人民，请来这里给出你们自己的判断吧！"

第一个艺术展被称为"伟大的德国艺术展"（Great German Art Exhibition），是现代史上最奢华的艺术展之一。实际上，这个艺术展不只是展出艺术品，同时也是"艺术之家"（House of Art）的揭幕仪式。"艺术之家"是一座新建的博物馆，是纳粹建筑艺术的代表作之一。艺术展上陈列着大量纳粹认可的艺术家的作品。例如，希特勒最喜爱的雕塑家阿尔诺·布雷克（Arno Breker）的以新古典风格雕刻的天衣无缝的人物裸体塑像。

第二个艺术展被命名为"堕落艺术展"（Degenerate Art Exhibition），其上陈列着齐格勒查抄上来的著名艺术作品，包括夏加尔、康定斯基、马克斯·恩斯特（Max Ernst）、奥托·迪克斯（Otto Dix）、马克斯·贝克曼（Max Beckmann）、保罗·克利（Paul Klee）和拉兹洛·莫霍利-纳吉（László Moholy-Nagy）等人的作品。不过，这些作品和"伟大的德国艺术展"上的作品所受到的待遇有着天壤之别。

第二个艺术展并没有在这座新建的博物馆中展出，而是在一栋旧建筑的二楼展出，这栋建筑曾经是德国考古研究所（German Institute for Archaeology），只有一个狭窄的楼梯可以通往二楼。所展出的艺术作品被胡乱放在一起，悬挂混乱且大多没有画框。每件作品旁边通常都标记着德国当局收购它们时给出的价格。由于很多作品都是在 20 世纪 20 年代德国通货膨胀时期被收购的，因此，有些作品的价码看上去特别古怪。

整个展览没有经过认真的编排，只是按照被纳粹认为污蔑宗教、有损德国军事形象和破坏家庭生活等方面分成了几个区域。墙上遍布涂鸦式的标语，例如，“蓄意破坏国防”、“理想——白痴和妓女”、“扭曲的灵魂本性”、“对德国妇女的污辱”和“犹太人渴望土地——德国黑人成了堕落艺术的种族理想”。在 110 位有作品展出的艺术家中，只有 6 位是犹太人，他们的作品被单独放在一个房间里，被命名为“犹太人的，全部是犹太人的”。然而，在这个艺术展背后，纳粹想暗示的是：所有现代艺术都是反对德国价值观的“犹太 - 布尔什维克分子”的阴谋。

简而言之，从展览的角度来讲，“堕落艺术展”并不是为展览而准备的，而是由纳粹政府资助的一场艺术颠覆活动，其目的是削弱现代艺术的形象，让德国人认为这样的艺术是道德败坏的、粗俗的、浪费纳税人钱财的。

这次展览引起了极大的轰动，展览的前 4 个月就吸引了超过 200 万人，每天来参观的人数接近 1.7 万，是到“艺术之家”参观的人数的 5 倍。这个数字在艺术展史上至今未被超越。

为了更好地理解这次展览到底有多轰动，我们对比一下 2011 年世界上参与度最高的艺术展：由巴西银行文化中心（Centro Cultural Banco do Brasil）举办的“埃舍尔的魔法世界艺术展”（Magical World of Escher）。此次艺术展每天前来参观的人数是 9 677 人，比“堕落艺术展”每日参观人数的一半多一点。2010 年，纽约现代艺术博物馆举办了一场大型展览“纽约抽象表现主义艺术展”（Abstract Expressionist New York）。这场展览的主题和“堕落艺术展”的主题多少有些重叠，都是某个地区现代艺术家的艺术展。

此场展览也是2010年度最大的艺术展，7个月间吸引了110万人，每天参观人数为5 600人，但也仍然只占“堕落艺术展”参观人数的一部分。

事实上，“堕落艺术展”引起的轰动不只简单地体现在统计数字上。大批前来参观的人影响了展览的参观体验，他们也构成了这场展览的一部分。其中一位参观者如此描述道：

> 我感到一种具有强烈压迫感的幽闭恐怖。大批的人涌进来，嬉笑谩骂地表达着对这些艺术品的憎恶。拥挤的人群营造了一种舞台表演效果，形成了一种咄咄逼人和令人愤怒的氛围。人们一遍又一遍地大声读出这些艺术品的价格，大笑着摇头或者要求“退款”。

“堕落艺术展”是一次视觉艺术和表演艺术的混合，它以一种粗俗的、误导的方式展示艺术品，试图诱导公众对之产生愤怒和嘲笑，这一切给每位参观者都留下了深刻的印象。很快，这场轰动的展览开始在城市间传播，而对这类艺术品进行嘲笑的信息也在德国扩散开来。总体来说，大约5%~10%的德国人参观了这场艺术展。令他们没有想到的是，“堕落艺术展”居然是有史以来最火爆的艺术展。

“堕落艺术展”举办之后，在当时的德国实际上已经不可能再出现现代艺术家了。贝克曼、恩斯特、克利和其他一些艺术家都开始离开德国，而留下来的现代艺术家则被禁止进行艺术创作。面对这样的禁令，埃米尔·诺尔德（Emil Nolde）秘密地继续使用水彩作画，以防绘画的颜料将其出卖。而恩斯特·路德维格·基尔希纳（Ernst Ludwig Kirchner）则选择了自杀。

那么，夏加尔呢？尽管他的名字已经被迅速从德国文化中抹掉了，但生活在法国的夏加尔最初并没有遭遇到现实暴力的摧残。然而，1940年法国陷落，夏加尔意识到处境危急。于是，便使用伪造的护照携全家去了美国。

从德文书中计算出来的 n 元词组的出现频次清晰地显示了纳粹的压制对夏加尔和其同时代的艺术家们造成的影响（见图 4-2）。1936—1943 年，马克·夏加尔的全名在德文书中仅出现了一次。由此可见，纳粹虽然没有设法杀掉夏加尔，但是他们找到了一种将其从德国文化中抹掉的方法。

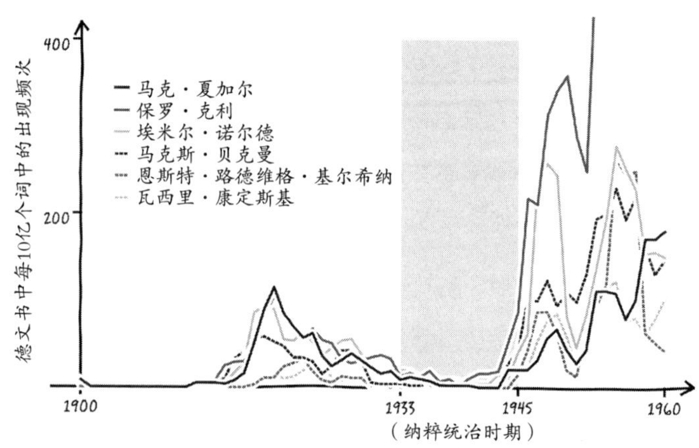

图 4-2　纳粹的压制对这一时期的艺术家们造成的影响

焚书

纳粹政权对德国文化的掌控远远超出了现代艺术的范畴，影响了德国人思维的方方面面。被纳粹政权认为与德国精神不相符的任何概念都成为了被打压的对象。在这场文化审查运动中，书不可避免地成了他们早期的压制对象。在希特勒成为德国总理后不到 10 个星期时，一场让世人发指的焚书运动就开始了。

纳粹的影响在德国社会渗透得如此之深，以至于这场运动的帷幕并不需要由希特勒政府直接拉开。1933 年 4 月，德国学生联合会发起了一场全国范围内的运动，旨在将他们不喜欢的思想从德国文化中清理出去。几天内，仿照马丁·路德的做法，学生们在各地张贴海报，列出了“与德国精神相违背的12个主题”。以下是第7个主题：

> 我们希望将犹太人视为异端，并尊重德国人民的传统。因此，我们要求进行审查：犹太人的作品必须使用希伯来文出版。如果犹太人使用德文出版作品，必须标明是翻译版。我们强烈反对滥用德文。只有德国人才能使用德文。非德国精神的书应该被从公共图书馆中清除出去。

在这一运动的驱使下，德国学生联合会开始相信，德国所有问题的根源都出自图书馆，体现在那些“非德国精神”的作品中。然而，这些学生犯了一个错误：据我们所知，读完图书馆里的所有藏书是很困难的。那他们又是如何知道哪些书中包含了“非德国精神”呢？

为此，他们开始信任沃尔夫冈·赫尔曼（Wolfgang Herrmann），这是一名1931年就加入了纳粹党的图书管理员。之前，赫尔曼不仅毫无名气，而且还经常处于失业状态。他花费了几年时间来梳理书架上的图书，列出了一系列他认为具有不良道德影响的书。赫尔曼非常痴迷于这份工作，并“一丝不苟”地为各个类型的作者单独创建了列表，包括政治家、文学家、哲学家和历史学家等。

起初，赫尔曼的工作几乎没有产生什么影响。不过，随着希特勒不断获得更高的权力，他的地位也逐渐上升了。后来，他被任命到“净化委员会”（purification committee）工作，主要是对柏林的图书馆进行彻底审查。由于赫尔曼的地位出现了突然间的提升，他随之发起了一场针对所谓的德国“文学妓院”（literary bordellos）的运动。于是，德国学生联合会开始投靠赫尔曼，希望能够分享他精心编纂的书单。而赫尔曼非常乐意提供。数月间，这个曾籍籍无名的图书管理员就掌握了一支“军队”，并将德国的图书馆作为了目标。

1933 年 5 月 10 日，这场文化审查运动到达了高潮：焚书。学生们带上了火把和赫尔曼提供的列表涌向德国大学城的街道，洗劫书店、图书馆和学校，将数万本书付诸一炬。在柏林，这场运动由戈培尔发起，他宣称：“犹太人极端知性主义的时代已经结束了……未来的德国人将不再只是一些满腹经纶之人，而是有性格的人。”到 5 月底，整个德国都在焚书。盖世太保没收了 500 吨书。被焚烧的书出自卡尔·马克思、弗朗西斯·斯科特·菲茨杰拉德（F. Scott Fitzgerald）、阿尔伯特·爱因斯坦、赫伯特·乔治·威尔斯（H. G. Wells）、海因里希·海涅等人之手，当然其中还包括海伦·凯勒。

这场焚书运动仅仅只是纳粹对德国书籍长期攻击的开始。赫尔曼不断地修改他的列表，从起初 1933 年的大约 500 位作者，到 1938 年增加到了数千位作者，他的列表成为了德国当局支持下的一个不断扩张的黑名单的核心。持续的攻击造成了灾难性的影响。据图书馆学家和图书馆历史学家玛格丽特·斯蒂格·道尔顿（Margaret Stieg Dalton）估计，在纳粹的工业中心城市埃森市（Essen），到 1938 年，在纳粹取得政权之前，69% 的公共图书馆的藏书消失了，其中包括很多流通非常广泛的书。在没有互联网的时代，从公共知识领域一下子删掉如此多的信息，其影响令人难以想象。

在我们今天看来，当时一些非常重要的思想被纳粹从国家层面抹掉了，其造成的损失难以估量。但是，通过统计 n 元词组的出现频次，我们仍然可以对这场审查运动的效力有一个统计上的认识。图 4-3 展示了出现在赫尔曼黑名单中的作者的名望变化。作为对比，我们也统计了一些投向纳粹的作者的名望变化。

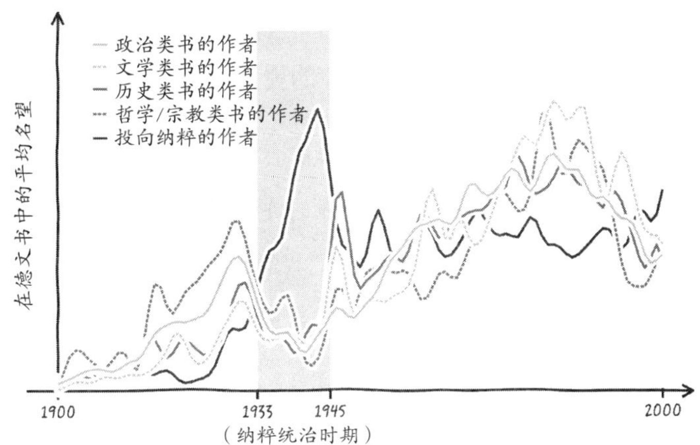

图 4-3 赫尔曼黑名单对不同类作者的影响情况

通过将被纳粹列入黑名单的作者和投向纳粹的作者的名望变化进行对比，结果再清楚不过了。纳粹在文化思想方面实施的压制所造成的影响触目惊心。

UNCHARTED
文化中的大数据

> 赫尔曼的黑名单对不同学科的影响并不相同。例如，出现在黑名单中哲学和宗教类书的作者，其名望在德意志第二帝国期间下降到了原先名望的 40%。政治类书的作者，其名望下降了一半，虽然比哲学类书作者的名望下降的幅度要小，但是仍然很大。相比之下，赫尔曼的黑名单对历史类书作者的影响有限，他们的名望只下降了大约 10%。借助 n 元词组数据，我们能够比以前任何时候都更加清晰地感受到纳粹的审查运动对文化的影响程度。

环球巡回，他们不希望你看到什么

毫无疑问，纳粹政权是历史上记载最多的实施大规模政治和文化镇压的政权。大数据就像一盏强大的探照灯，将世界上的审查制度引发的事件一一放在光亮之下。有时候，它们比我们想象的更为真实。

列宁领导了俄国革命，建立了苏维埃社会主义共和国联盟。几年后，一场权力斗争爆发。一开始，和列宁一起领导布尔什维克党的列夫·托洛茨基（Leon Trotsky）被认为是列宁的接班人。然而，俄国革命中涌现出的三位重要人物结成了政治联盟来削弱托洛茨基，他们是约瑟夫·斯大林、格列高利·季诺维耶夫（Grigory Zinoviev）和列夫·加米涅夫（Lev Kamenev）。这三人构成了当时苏联的“三驾马车”，而他们也最终成功取代了托洛茨基的领导地位。1925 年，“三驾马车”联盟瓦解，斯大林当选为苏联领导人。

一开始，斯大林希望将这些政治对手对俄国革命作出的贡献从历史记录中抹去，从苏联人民的记忆中抹去。总的来说，他成功地做到了。

托洛茨基、季诺维耶夫、加米涅夫以及其他无数革命烈士的贡献被最小化和忽略了。而且这三位领袖和其他革命烈士的名望在很长一段时间后才被部分恢复。

不过，并不是只有斯大林才担心那些具有危险思想的人。在第二次世界大战后的美国，政府对共产主义的焦虑和担心也与日俱增。美国有共产主义者吗？如果有，他们在哪里，在做什么？为了确保对此进行充分的调查，美国众议院在 1945 年成立了一个专门的委员会：众议院非美活动委员会（The House Un-American Activities Committee，HUAC）。

由于担心影视业会成为国外媒体进行秘密宣传的源头，众议院非美活动委员会重点管控共产主义对好莱坞的影响。1947 年，该委员会召开了一次听证会，听取了“友好证人”的证言。所谓的“友好证人”是一些来自好莱坞的名人，他们的爱国精神受到了国会议员的认可。包括华特·迪士尼和罗纳德·里根等在内的一些友好证人就共产主义对美国影视业的严重影响进行了阐述。那时候，里根还只是美国演员工会（Screen Actors Guild）的主席。很快，众议院非美活动委员会转向了“非友好证人”——被怀疑和共产主义有联系的人，并希望这些人能够揭露共产主义对美国影视业的不良影响。迫于压力，大部分人同意作证。然而，其中有10个人拒绝了，他们分别是：阿尔瓦·贝西（Alvah Bessie）、赫伯特·比伯曼（Herbert Biberman）、莱斯特·科尔（Lester Cole）、爱德华·德米特里克（Edward Dmytryk）、小林·拉德纳（Ring Lardner, Jr.）、约翰·霍华德·劳森（John Howard Lawson）、阿尔伯特·马尔茨（Albert Maltz）、塞缪尔·奥尼茨（Samuel Ornitz）、阿德里安·斯科特（Adrian Scott）和达尔顿·特朗博（Dalton Trumbo）。他们中很多人早已功成名就，甚至还获得过奥斯卡金像奖。今天，他们一起被称为“好莱坞十人”（Hollywood Ten）。

由于拒绝在听证会作证，“好莱坞十人”被冠以藐视国会罪。更糟糕的是，48位出色的好莱坞制片人也加入了进来，包括著名人物塞缪尔·高德温（Samuel Goldwyn）和路易斯·迈耶（Louis Mayer），他们强烈支持国会的反共产主义举措。这些制片人发出了一项联合声明：不再允许“好莱坞十人”在他们的工作室工作，“直到他们被宣布无罪，或者他们能证明自己的清白，又或者宣誓他们不是共产主义者”。

通过这项声明，好莱坞的制片人们列出了一份黑名单，以阻止“好莱坞十人”以及许多其他人在美国找到工作。而在这十多年间，好莱坞主要工作室出品的影片中再也没有出现过“好莱坞十人”中任何人的身影。可见，好莱坞黑名单给他们的生活和职业生涯带来了直接的、毁灭性的打击（见图4-4）。

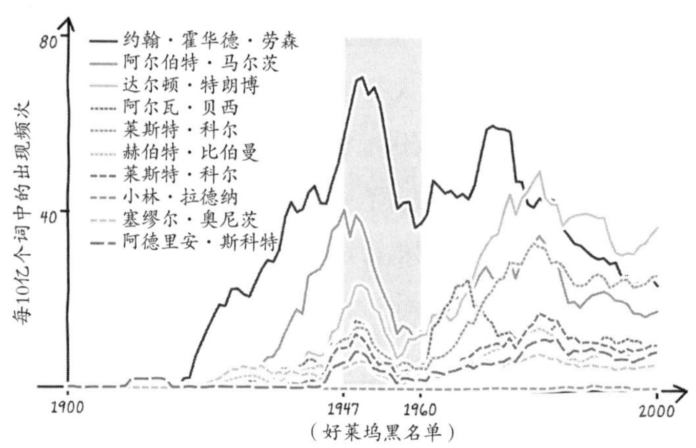

图 4-4“好莱坞十人”遭受到的影响

参议员约瑟夫·麦卡锡在 20 世纪 50 年代中期倒台后，众议院非美活动委员会的权力开始衰弱。值得注意的是，麦卡锡虽然和众议院非美活动委员会具有一致的目标，却从未在其中任职过。当该委员会于 1959 年被撤销时，美国前总统哈里·杜鲁门评价道：众议院非美活动委员会是“当今美国最非美国化的东西”。失去了公众的支持，好莱坞制片人的黑名单也随之失去了效力。最终，1960 年，在电影《出埃及记》（*Exodus*）中达尔顿·特朗博以编剧身份出现在了荧幕上，这标志着那份黑名单的彻底瓦解。自此，被好莱坞流放的人们终于重新回到了他们的乐土。

我们能够自动检测出哪里有审查吗

无论审查和压制发生在哪里，都会留下很多特殊标记：**某些词和短语的突然消失**。诸如此类的词语空白通常具有非常明显的统计特征。因此，我们可以借助大数据发现有哪些人和事物受到了压制。

UNCHARTED
文化中的大数据

回到纳粹德国来看一下，我们是如何借助大数据来发现压制的。我们的目标是寻找这样的人：他们的名望在 1933—1945 年德意志第三帝国期间经历了“夏加尔式”的衰退。通过将一个人在第三帝国期间的名望与其之前或之后的名望进行对比，我们就可以测量出这个人名望下降的程度。假如一个人的名字在 20 世纪 20 年代和 20 世纪 50 年代的出现频次是每 1 000 万个词中出现一次，但在纳粹政权统治期间下降到了每 1 亿个词中出现一次，也即他的名望下降到了原先的 1/10。这就意味着，这个人可能以某种方式遭遇了审查和压制。另一方面，如果其名字的出现频次在纳粹政权统治期间上升到了每 100 万个词中出现一次，即上升了 10 倍，那么则表明这个人在纳粹统治时期特别出名，很可能得益于纳粹政府的宣传。按照这种方式，对于任何一个人名，我们都可以为其赋一个压制分数，该分数反映了其名望下降或上升的程度，可以帮助我们找出谁被周围的社会压制了。

我们将这一“自动检测工具”应用于数千位经历了第二次世界大战的著名人物，并将结果绘制成了两条线（见图 4-5）。**第一条线说明了我们根据英文书计算得到的压制分数。**大部分分数接近 1——名望既没有下降，也没有上升。只有不到 1% 的人的压制分数超过了 5。这条线没有什么特别，通过计算英文书中这些人名的出现频次得到的这个结果很常见，与我们在任何时期查看任何语言的书得出的结果几乎是一致的。

第二条线则说明了我们根据纳粹统治时期的德文书计算得到的压制分数。这条线看上去和第一条线完全不同。它的中心不是 1，而是稍微向左偏移，这表明大部分人遭到了纳粹的压制，或者至少在某种程度上遭到了压制；绝大部分人遭遇了明显的名望下降。然而，不仅仅是这条线的中心偏移了，整个分布也变宽了很多，包括了更多的极端数值。少数几个人出现在了右边，他们是政府宣传的受益者。但是，大部分人处于左边：在我们考察的名人中，超过10%的人的名望衰减了一半以上。

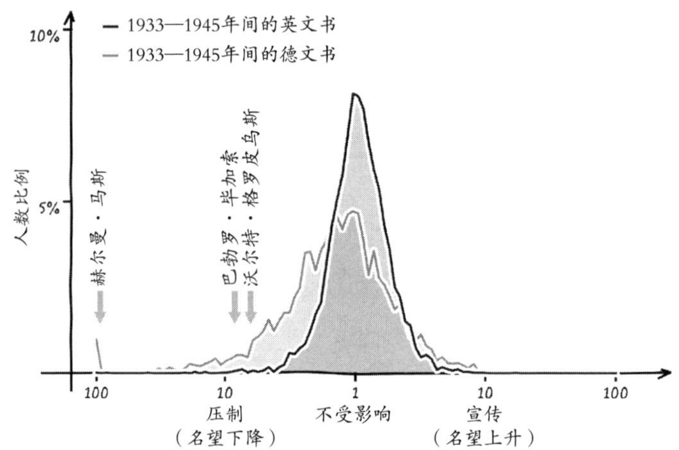

图 4-5　数千位经历了第二次世界大战的著名人物的名望变化

位于1的左边的名字中不仅有毕加索，还有沃尔特·格罗皮乌斯（Walter Gropius）——他是包豪斯运动的奠基人，而这一运动涉及艺术、建筑和设计等诸多领域。在这条线的最左边是赫尔曼·马斯（Hermann Maas），他是一位牧师，曾公开反对纳粹，并帮助犹太人获取签证以逃离德国。他的这些努力引起了纳粹的报复行为，而且专门针对他开展过一场运动。我们绝不是第一个注意到马斯英雄事迹的人。1964年，在以色列建立的犹太大屠杀纪念馆（Yad Vashem）中，马斯被授予“国际义人”（Righteous Among the Nations）[①]的称号。

在绘制完图4-5后，我们请一位来自犹太大屠杀纪念馆的学者作出她的

① 以色列对那些甘冒生命危险以拯救犹太人免遭屠杀的非犹太人的尊称。——编者注

判断，我们要求她只运用历史知识来判断哪些名字会出现在该曲线的某一端，并没有让她看我们的数据和结果，也没有告诉她为什么让她这么做。她从我们这里得到的只有一张名单而已。然而，她给出的答案却和我们的绝大部分结果都一致。

也就是说，使用我们的审查检测工具得到的结果和传统历史学家使用传统方法得出的结果是相似的。然而，和传统方法不同，我们的分析方法可以借助计算机在瞬间完成。

类似的自动化技术在我们的日常生活中占据着重要地位。

大数据透镜 UNCHARTED

对于日常接触到的信息，我们都希望能够识别出其中隐藏的遭到审查和压制的信息，甚至常见的偏见。然而，随着信息逐渐膨胀，我们不太可能阅读所有内容，甚至阅读大部分内容都是不可能的。我们需要一个替代人脑的工具，而大数据就是这样的一个强大的工具。

有趣的是，维基百科最近开始利用大数据进行偏见检测了。长期以来，人们一直在讨论维基百科中存在的反女性偏见，或许是因为维基百科大部分编辑都是男性的缘故吧。这种观点的依据主要是一些轶闻。不过，人们正在将统计方法和 n 元词组数据应用到此类讨论中，以清晰地识别出有偏见的文章，从而对其进行相应的处理。

未来，此类方法将不再局限于维基百科这类主要依靠志愿者建立起来的网站，还将用来使政府坚守诚信，使人民和思想保持自由。

思想有数百万个出口

短短几年内，纳粹抹杀了许多伟大的思想。他们不喜欢现代艺术，于是就让现代艺术作品消失——那些为打击现代艺术而在“堕落艺术展”上展出的作品只是一个例外。像夏加尔这样的现代艺术家，往往要么选择离开欧洲，要么被迫退休，要么就是被害。现代艺术运动完全从德国消失了。

那么，我们该怎么去理解凯勒所说的“如果你们认为思想可以被扼杀，那么你们的历史就白学了”呢？

一方面，这些思想最终存活了下来——我们今天仍在谈论这些思想。但是，另一方面，如果我们假装认为这就是它们的原貌，那就显得有些肤浅了。

倘若不触及专制统治政策带来的意外后果，任何关于审查制度的讨论都是不完整的。想象一下，你是一位生活在纳粹统治时期的德国的年轻艺术家。你虽然受到了巨大的社会压力，但仍然对现代艺术保持着浓厚的兴趣。假如是这样，你将会被吸引到“堕落艺术展”中。在那里，你会看到很多出自你偶像之手的作品。你可以将那里想象成一个琳琅满目的教室——非常大、非常嘈杂，将那场艺术展想象成一个现代艺术的高级讲习班。

事实上，这一切真实地发生了。1936 年，夏洛特·所罗门（Charlotte Salomon）设法考进了柏林美术学院（Berlin Academy of Fine Art），她是那里唯一的一名犹太学生。她甚至还获得过奖章，虽然奖章后来出于“种族原因”而被收回了。所罗门对现代艺术非常感兴趣，当“堕落艺术展”来到她生活的城镇时，她觉得这是一个千载难逢的好机会。无论如何，纳粹政权收集了世界上许多最重要的现代艺术作品，而且就摆放在她的家门口。还好，展览持续了几个月时间才结束，她可以设法避开那些熙熙攘攘、嬉笑谩骂的人群。

所罗门深受“堕落艺术展”上的展品鼓舞，从中获得了很多灵感。随后，她将许多现代艺术的技巧结合起来，创作了20世纪最著名的一部自传式文学作品。所罗门的母亲、姨妈和祖母都是自杀身亡的。在她那部以第三人称撰写的自传中，她是一位叫作夏洛特的黑暗精灵，这位精灵艰难地作出了一个令人心碎的决定：“要么结束自己的生命，要么就做一些荒诞不经的事情出来。”

这本书揭示了所罗门在德意志第三帝国时期生活和学习艺术时所面临的艰辛。引人注目的是，整个故事以769幅画为载体进行讲述。她将这部作品命名为《生活？还是戏剧？》(*Life? Or Theatre?*)。在这部作品的最后，所罗门回答了所有问题，并总结道：“一段极端不正常的生活也比根本没有生活要好。”在纳粹的统治下，一切都由不得她选择：1943年，怀有身孕的所罗门死在了奥斯维辛集中营。

不过，所罗门的作品并没有和她一起死去。《生活？还是戏剧？》最终回到了她父亲和继母手中，他们在第二次世界大战期间躲藏在了荷兰。这部作品迅速出名，被称为“绘图版的《安妮日记》”。[①]

或许，现代艺术的思想没能像凯勒所说的那样凭借自己的力量“站”起来，并最终打败纳粹。然而，凯勒的想法至少有一部分是正确的。尽管纳粹残暴地压制现代艺术——禁止创作现代艺术作品、查抄现代艺术作品、嘲讽现代艺术并迫害现代艺术的实践者，但现代艺术的思想仍没有被杀死，并最终“从数百万个渠道中渗出”。这些渠道很多是意想不到的。譬如，所罗门对“堕落艺术展”的参观。虽然所罗门本人被杀害了，但她的作品最终“催生了其他思想”。她的见证，一位现代艺术家的见证，浸润在现代艺术大师作品中并以现代艺术的语言表达出的见证，最终度过了纳粹的黑暗统治时期，

① 第二次世界大战期间，犹太少女安妮·弗兰克（Anne Frank）为躲避纳粹迫害，藏身于阿姆斯特丹的密室时所写的日记。该日记成为第二次世界大战期间纳粹德国屠杀犹太人的著名见证。——编者注

在使纳粹成为“全人类最憎恨和鄙视的政权”的过程中发挥着作用。

夏加尔和所罗门——从未谋面的“老师”和“学生”。然而，所罗门去世很多年后，夏加尔在一次艺术展上终于见到了所罗门的作品，他被这一作品深深打动了。夏加尔如此评论这部作品：“它们如此柔和，如此动人，很好，非常好。”

附言

1944年，纳粹侵入匈牙利之后，开始对匈牙利的犹太人进行屠杀。每天有上万的犹太人被火车拉到奥斯维辛集中营。为了逃脱抓捕，埃雷兹的祖父、祖母、父亲和姑母藏了起来。他的祖父随身携带藏有希伯来圣经的经文护符匣。每天早晨，他都从藏匿地走出来进行祷告。虽然一旦被发现阅读犹太祷告文就有可能付出生命的代价，但他依然坚持那样做。

在我们写这一章时，埃雷兹的父亲去世了。他留给埃雷兹的一个珍贵包裹中装着他父亲在第二次世界大战期间每天都随身携带的经文护符匣，里面的经书被精心地保存了下来：一个世纪之久的羊皮纸上，每个字都完好无缺。

是的，思想的确可以从数百万个渠道渗出。

量化人文 两个权利催生一个新权利

和物种一样，思想可以被复制并流传开来，也可以变异，例如，权利这一概念。

有关权利的思想有着悠久的历史，可以追溯到罗马帝国的公民权。在约翰·洛克等哲学家的理论推动下，伴随着英国 1689 年《权利法案》、美国 1789 年《权利法案》和法国 1789 年《人权和公民权宣言》的颁布，基本权利的概念逐渐成为 17 世纪和 18 世纪众多法律体系的基石。在美国，公民权利主要指黑人的权利，它可以作为检验新生国家是如何对待少数族裔的一个样例。

受民权运动成就的鼓舞，妇女组织、儿童组织和动物保护组织等一些组织纷纷加入了这波争取权利的浪潮。19 世纪 60 年代，女权组织首先发出了声音，并在民权运动一个世纪后加速促进国家对妇女权益的保护。最近几十年，儿童权利和动物权利开始普及（见图 4-6）。在今天，两次错误不一定能够换来一次正确。但是幸运的是，多次错误却可以催生一场权利运动。

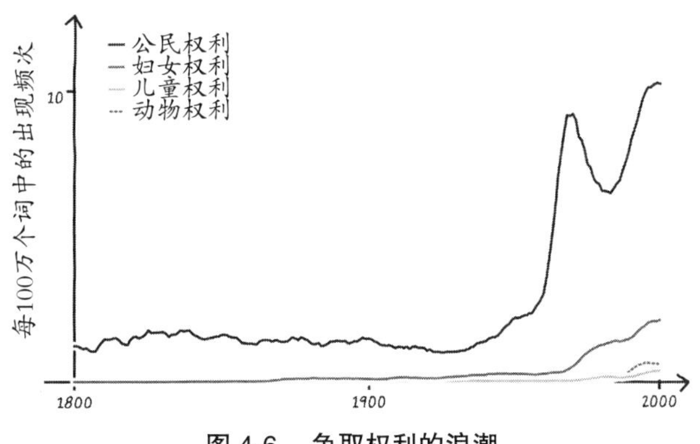

图 4-6 争取权利的浪潮

Big Data as a Lens on Human Culture

|第5章|

为什么越是痛苦的记忆，越容易被忘怀

集体意识的铭记与遗忘曲线

Big Data
as a Lens on
Human Culture

在介绍新的内容之前，我们想最后再讲述一个有关文化审查运动的事件。

这场运动和上一章介绍的审查运动大不相同，因为它不是由政府主导的。虽然没有发生流血事件，但运动的主要负责人之一还是在最后关头对一名反对者进行了威胁。这场运动发生在20世纪20年代，发生地并不是德国，而是其邻国奥地利。

被称为“维也纳学派”（Vienna Circle）的哲学家们开始对人类语言感到厌倦，他们认为，人类语言中充斥着糟粕。维也纳学派奉行逻辑实证主义（见图5-1），他们认为，只有能够被证实的言论才是说得通的，只有能够被测量的词语才是有意义的。而其他的言论和词语都会导致“抑制偏见”（inhibiting prejudices），假如没有这些言论和词语，人类将变得更好。

可以想象，这一论断将相当一大部分的词语放到了砧板之上。爱情能测量吗？能够实证检验事物正确与否或是符合道德规范吗？维也纳学派认为不能。因为这些词语所指的事物不能被测量，所以根本没有权利出现在我们的语言中。

维也纳学派“最偏爱”的一个词是“民族精神”。民族精神是指一个民族的集体意识和记忆、民族的形象和思想。民族精神刚好是维也纳学派憎恶的那种不精确的、不能测量的概念。于是，他们在1929年的宣言中强调了“民族精神”一词，希望能将该词从语言中清理出去。

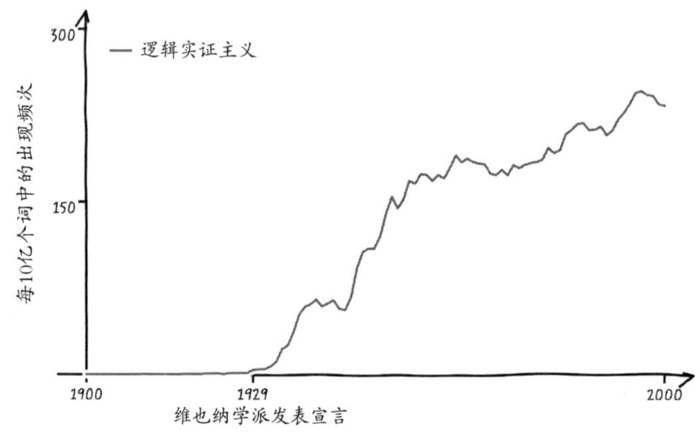

图5-1　维也纳学派的逻辑实证主义发展趋势

维也纳学派的这种思想仇视并非一种政治上的审查，而更像是关于科学界限的哲学探究。

那时候，维也纳学派或许是对的。诸如集体记忆之类的思想一直都在科学研究的范畴之外。但是，在我们看来，使用n元词组研究集体记忆这样的概念似乎也不是不可能的。

那么，就像测试单个人的记忆那样，我们也能够测量集体记忆吗？

记忆测试

如果要测量集体记忆，那么我们就有必要首先理解有关个体记忆的科学规律。为此，我们需要求助于另外一位哲学家——19 世纪的德国哲学家赫尔曼·艾宾浩斯（Hermann Ebbinghaus）。艾宾浩斯对记忆的运作方式非常感兴趣。这一领域如今被称为“心理学”，但那时候，心理学是哲学的一个分支，尚未发展成一门独立的科学。所以，人们倾向于对记忆进行理论化，却很少做实证研究。

早在维也纳学派形成之前，艾宾浩斯就赞同这样的观点：**经验、测量和实证是人类知识的基础**。不过，他没有极端地将心理学这一未经测量或根本无法测量的概念丢到语言的“垃圾堆”里。相反，他认为，对记忆的研究需要更多的经验主义。为了进行实证研究，他做了一些在那个时代的人看来很不可思议的事：对自己的记忆进行实验。

艾宾浩斯很快就碰到了问题，这一问题也是我们在研究名望时曾碰到过的。记忆是一个模糊的概念。艾宾浩斯需要的是更具体的概念，也就是说，他需要用少量具有明确定义的、可观测的过程来代替宽泛而模糊的“记忆”概念。于是，他选定了两个这样的过程：**我们记得有多快和我们遗忘得有多快**。

艾宾浩斯仍然面临着一些严峻的挑战。**实验需要孤立的、可控的环境。然而，人类记忆不具备这样的条件。我们记忆中的每一点信息都是嵌在一个概念网络中的。对于每一个概念，我们将其和相关的事实、思想、人物、情感、地点、时间和事件等关联在一起。概念之间的复杂关系对于记忆具有重要的影响。如此一来，研究我们对某个孤立事件的记忆将非常困难**。我们已经了解到，不规则动词 burn/burnt、learn/learnt、spell/spelt、spill/spilt 是如何关联在一起而存活数个世纪的。此类记忆效应并非特例，而是一般规律。

UNCHARTED
文化中的大数据

> 为了克服这一难题，艾宾浩斯提出了一个良好的解决方法。他注意到，大部分的关联关系都和我们试图记忆的对象的声音或意义有关。因此，为了最小化不想要的关联关系，艾宾浩斯决定对一些随机的、无意义的概念进行记忆。为此，他列出了一张词汇表，包括 2 300 个自己设计的毫无意义的音节。每个音节包括 3 个字母：辅音字母 - 元音字母 - 辅音字母，譬如，CUV 和 KEF。他对这些音节进行了仔细的检查，确保每个音节和任何词语的发音都不相近。艾宾浩斯创造的这个冰冷的新世界里不包括 LUV，也没有 HUG。换句话说，就是没有语义。
>
> 为了测量记忆过程，艾宾浩斯从他构造的词汇表中随机抽出了一些无意义的音节，将这些音节串成多个仍旧无意义的音节串。然后，他测量自己需要多久才能记住这些音节串，也就是说能够准确无误地记下音节串中的每个音节。而为了测量遗忘过程，艾宾浩斯给这个过程添加了另外一个步骤。在学习完一个音节串之后，等过一段时间，他要测试一下自己还能记起这个音节串中的多少音节。

对大多数人来说，日复一日地记忆这些由随机音节组成的音节串，是没什么吸引力的。因此，艾宾浩斯很难找到愿意进行这项测试的人。不过，他还是找到了一个坚定的志愿者：他自己。于是，在 1878 年，艾宾浩斯开始研究记忆，而他是这项测试的唯一参与者。

在两年多的时间里，艾宾浩斯坚持执行一张痛苦的时间表——每天花费很长时间去记那些随机的、无意义的音节。他按照事先编好的顺序，一个音节串接一个音节串地记，机械化地按照固定的周期对音节进行重复学习。他系统性地探索了影响测试结果的很多因素的组合，包括音节串的长度、一天中的时刻、每天进行记忆的时间长短、某个音节在音节串中的位置、重复的时间间隔，等等。由此可见，艾宾浩斯的确是心理学史上最虔诚的研究人员之一。

最终，他的辛苦得到了回报，他在这一领域有许多惊人的发现。例如，他发现，随着音节串的长度变得越来越长，再增加哪怕一个音节对记忆时间都会产生非常大的影响。记忆的任务量和所需记忆时间之间的关系，在今天被称为“记忆曲线”。当人们说到“陡峭的记忆曲线”时，无论他们知道与否，其实都是在说艾宾浩斯提出的记忆曲线。艾宾浩斯关于遗忘也有重要发现。他注意到，一般只需要20分钟，他就会忘掉几乎一半音节串。不过，遗忘速度似乎会逐渐放缓。再过上一个月，他仍然能够记住1/5左右的音节串。艾宾浩斯所发现的遗忘与时间之间的关系，被称为“遗忘曲线”。

总之，记忆曲线、遗忘曲线以及它们的发现过程，都为探索人类记忆奥秘的现代科学研究奠定了基础。无意义音节的概念是一项重要的创新。直到今天，它仍然是语言心理学的核心研究方法之一。实际上，艾宾浩斯所做的是现代心理学的奠基性工作。当然，他本人对这项研究的投入也非常大。心理学之父威廉·詹姆斯曾对艾宾浩斯的忘我投入进行评价，他赞扬了艾宾浩斯这一“追求真理的英雄事迹”。詹姆斯将这项记忆研究称为“实验心理学历史上最聪明的研究”。

起初，我们认为，集体记忆似乎难以探究。然而，艾宾浩斯的故事给了我们乐观的理由。我们需要测量的记忆和遗忘，在人类文化中具有与之密切关联的对应物，在n元词组中体现得非常明显。

痛苦的记忆最容易被集体遗忘？

有些东西总是令人难以忘怀。在两架飞机撞进纽约世贸中心的十多年后，那日的记忆仍然萦绕在美国人的脑海里。10年后，《纽约客》(*New Yorker*)的特约撰稿人乔恩·李·安德森（Jon Lee Anderson）如此回忆了他的这段经历：

> 那时，我的恐惧感迅速增加，我看到第二架飞机撞向了世贸大厦，大厦坍塌了。我意识到，这是一次恐怖袭击。这次袭击等同于第二次珍珠港事件。我明白，我的国家很快就将处于战争之中。

这样的对比并不罕见，而是理应如此。在“9·11”事件发生的大约60年前，美国人在一场数十年来首次对美国本土实施的袭击中惊醒。1941年12月7日凌晨，数百架日本飞机蜂拥而至，向美国在珍珠港的夏威夷基地投下炸弹和鱼雷，给惊醒中的人们带来了烟雾、大火和死亡。不到一个小时，日本人破坏了数不清的飞机和舰船，重创了太平洋舰队，造成了2 400多名美国人死亡，1 000多人受伤。这则爆炸性新闻改变了历史进程，把美国卷进了第二次世界大战。

尽管在那时候看来这次袭击令人印象深刻，但在珍珠港事件之后的半个多世纪中，此次袭击并没有在人们的日常生活中被频繁提及（见图5-2）。如今，人们恐怕都已经很难想象出来当时袭击的场景了。现在，“9·11”事件也经历着同样的情况。

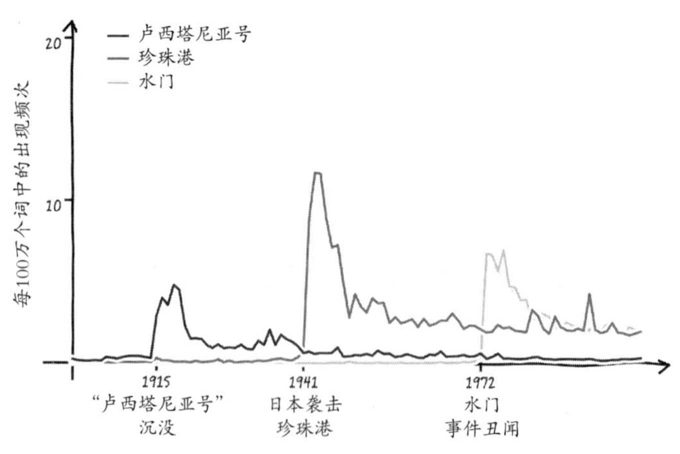

图5-2 人们如何遗忘掉最痛苦的事件

这到底是怎么回事？我们的集体记忆是如何忘掉这些最痛苦的事件的呢？

记忆关联效应：其他东西的记忆

为了探究这个问题，我们面临着一个“艾宾浩斯式”的问题：**遗忘非常独特，依赖于人脑中各个概念之间的关联关系，难以进行实验。**

我们来考察远洋客轮“卢西塔尼亚号”（Lusitania）的沉没，它的沉没将美国带入了第一次世界大战。灾难发生后的数十年间，正如我们预期的那样，这一事件开始被人们遗忘。然而，在美国被卷入第二次世界大战之前，人们又恢复了对这次事件的记忆。或许，人们对美国被卷入第二次世界大战的担心让“卢西塔尼亚号”事件重新回到了世人的记忆中。此类记忆关联效应是一个大问题：**人们很难解释其成因，也无法预测它何时产生。**

另外一个同样棘手的问题是：**记忆关联会随着时间变化，导致人们以不同的方式记忆同样的事件。**例如，由于第一次世界大战（World War I）是西方文明史上截至该战争结束死亡人数最多的战争，因此它最初被称为“大战争”（the Great War）。然而，随着第二次世界大战（World War II）在20世纪30年代末爆发，“the Great War”一词就迅速消失了，取而代之的是“World War I”（见图5-3）。

大数据透镜 UNCHARTED

至关重要的是，人们并不是忘记了这场战争。其实，这场战争仍然深深地留在集体记忆中。不过，人们记忆这场战争的方式不同了，考虑到这两场战争的影响程度，人们开始使用不同的表述方式。同样地，人们也很难解释及预测出此类关联变化带来的效应。

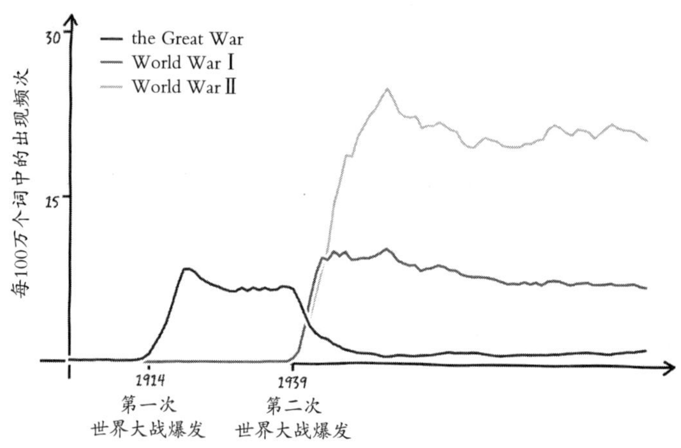

图 5-3 人们关于第一次世界大战和第二次世界大战的集体记忆

如果想要对遗忘进行测量，我们就需要模仿艾宾浩斯，利用仔细选择的词汇，来最小化记忆关联带来的影响。

为此，我们决定在研究集体记忆时只使用与年份对应的数字，像 1816 和 1952。通过统计书中某一年的出现频次，我们就能够了解到那一年发生的事件在人们记忆中留下的深刻程度。在这个方法中，没有哪一年具有特定的优势，年和年之间也不具有密切的关联。

如果数字出自“可以要 1 876 只牡蛎和一杯匹克普勒（Picpoul）吗”这样的句子，该怎么办呢？在这种情况下，1 876 是指顾客预订的牡蛎只数。

事实表明，这不是一个严重的问题。首先，顾客很少会预订 1 876 只牡蛎，特别是在只要了一杯酒的情况下。另外，更重要的是，预订、请求或记录 1 876 个任何东西，似乎都挺奇怪的。数字 1 876 在表示 1876 年之外实际上并不常用。甚至是以年份作为书的标题（譬如，英国作家乔治·奥威尔的《1984》）以及以年份作为电影名称（譬如，斯坦利·库布里克导演的《2001：太空漫游》），在影响这两个数字的总体出现频次中的所占比例都可以忽略不计。

在对集体记忆的研究中，1 800~2 000 这 201 个数字的作用，等同于个体记忆研究中艾宾浩斯的人工词汇的作用。从这些数字中，我们能了解到什么呢？

集体记忆的遗忘曲线

我们首先来看一下数字 1950 的故事（见图 5-4）。

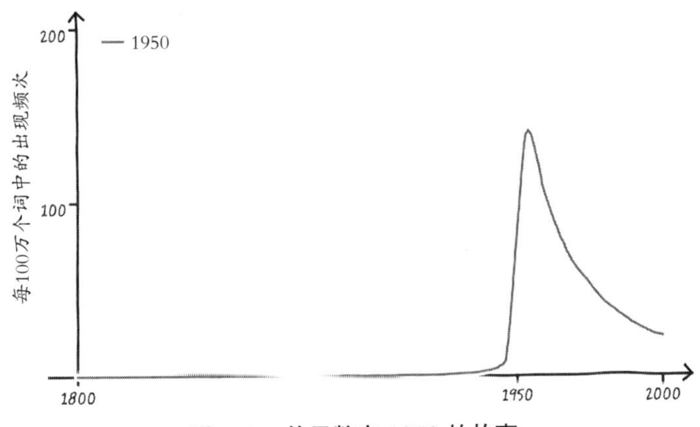

图 5-4　关于数字 1950 的故事

UNCHARTED
文化中的大数据

在人类历史的大部分时间里，没有人在意数字 1950。1700 年没有人在意 1950，1800 年没有人考虑 1950，1900 年没有人关心 1950。这种冷漠贯穿了整个 20 世纪的二三十年代，直到 40 年代。

然而，从 20 世纪 40 年代初期起，逐渐开始有人说起 1950。人们开始意识到，1950 年就要到了，或许那一年会发生一些大事。

> 当然，没有什么比 1950 年自身让人们对 1950 更感兴趣的了。
>
> 突然间，每个人都开始谈论 1950。在说到很多事情时，他们不得不使用 1950 了。譬如，他们在 1950 年做的事情、计划在 1950 年做的事情、希望在 1950 年实现的梦想，等等。
>
> 实际上，1950 年之后的几年间，1950 仍然被频繁地提到，这或许是因为人们需要回顾什么吧。他们仍然不断地讨论 1950 年发生的一些有趣的事情。这种情况一直延续到 1951 年、1952 年和 1953 年。最终，在 1954 年，或许是因为某个非常赶时髦的人醒过来了，意识到 1950 年已经退流行了。
>
> 就这样，数字 1950 在我们的记忆中消失了。

虽然这样的故事会让我们感觉到很悲哀，但 1950 的故事绝不是独一无二的。1950 的故事也是我们研究的每一个年份数字的爱情故事：一个男孩遇见 X（代表任何表示年份的数字）并爱上了 X；后来，他离开了 X；随着时间的推移，他对 X 的回忆变得越来越少。

我们为每个表示年份的数字制作了曲线图，这些图显示了同样的过程。我们刚才描述的爱情故事在每幅图中都有清晰的体现。可见，1950 年的故事不足为奇。与此相比，这些曲线图的其他特征则显得更加出人意料。

其中一个特征是这些遗忘曲线的整体形状。遗忘过程看上去包括两个阶段：对某一年的兴趣，在那一年过去之后的前几十年中迅速下降，随后下降速度大大放缓。**而集体记忆和个体记忆之间则惊人的相似：整个社会同样具有短期记忆和长期记忆。**

我们还可以探讨一些定量问题。例如，对于社会的短期记忆，我们可能会好奇：要经过多长时间，泡沫才会破灭呢？在某一年过去之后，人们对其失去兴趣的速度到底有多快？

回答这两个问题的一个简单方法是查看书中某一年的出现频次需要多久降到一半，即集体遗忘的半衰期。对于不同年份而言，其半衰期的差异很大。1872 的出现频次在 1896 年衰减到其峰值的一半，滞后了 24 年（见图 5-5）。相比而言，1973 的出现频次在 1983 年就下降到了其峰值的一半，仅持续了 10 年。

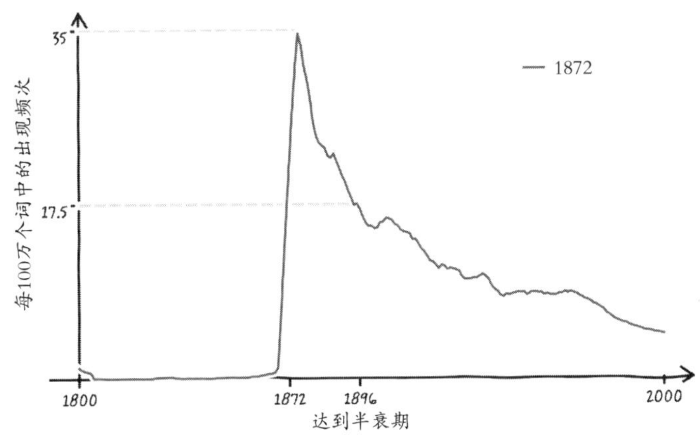

图 5-5　1872 的记忆半衰期

1973 的出现频次下降得较快体现了一个普遍现象：**随着时间的推移，集体遗忘的半衰期在逐渐变短。这一现象表明，整个社会对待过去的态度在发生变化。我们对过去的事情失去兴趣的速度正变得越来越快。**

是什么造成了这一变化呢？我们不知道。就目前而言，我们有的只是一些干巴巴的关联关系——通过数据的透镜看集体记忆时观测到的东西。而我们或许还需要一些时间才能弄清楚这些关联关系背后的机制。

这就是科学的前沿。没有通往真理的路线图，只有大量的猜测和众多的死胡同。但是，没有比这更好的了。

新信息如何进入社会

当然，除了遗忘之外，我们的集体意识还有很多方面。如果想要理解集体记忆，我们还需要去探索集体记忆这枚硬币的另一面：新信息是如何融入社会的?

当前，我们正处于信息时代。在这一时代里，信息能够以非常快的速度从一个人传递到另外一个人。然而，我们并不了解几个世纪前原始信息传递的速度。如今，对于那时候的信息传递原理，我们也已经不再重视。例如，在 17~18 世纪的伦敦，如今我们所说的“蜗牛邮件”（snail mail）每天都会送达 15 次。而早上寄出的邮件 4 个小时内就可以到达。当然，这没有今天的电子邮件快，却也不比“蜗牛邮件”慢。19 世纪时，伦敦人已经可以在市内邮寄包裹了，通过现在已经废弃不用的压力管网络，以每小时超过 40 公里的速度传递。而数个世纪以来，人们已经掌握了确保重要新闻快速传递的方式。

书不是一种快速传递重要信息的方式，而是一种对外发布信息的重要方式。相对而言，大部分书是个大工程，作者需要几年时间才能将其完成并出版。和爆炸性新闻相比，书真是太慢了。

在很多情况下，这并不是什么问题。因为集体遗忘，至少对重要事情的集体遗忘是很慢的。因此，数年、数十年、数个世纪的集体遗忘可以很容易地使用从书中得到的 n 元词组数据来刻画。

UNCHARTED
文化中的大数据

很多事物是以极快的速度进入集体意识中的，几天、几个星期、几个月或者最多几年。“1872”从几乎没有在书中出现，到出现频次达到峰值用了一年时间，而 Pearl Harbor（珍珠港）只用了一天时间。

麻烦的是，n元词组数据在测量如此快速的过程时，并不能派上多大用场。我们需要一个高速的快门，以便能够拍下棒球比赛中投手投出的快球的照片。

如果我们想要使用n元词组研究人类的记忆过程，那么我们就需要选择一些比重要新闻传播得慢的东西。

大新闻 vs. 大思想

埃雷兹的妻子阿维娃当时正在探索集体记忆的研究方法，以下这个方法似乎特别有希望：对发明进行研究。成功的发明是集体记忆的缩影，体现了社会产生认识世界的新知识的能力，还体现了社会吸收这些科学和工程方面的新进展去克服挑战的能力。出于这些原因，和普通新闻相比，发明的传播过程需要更长的时间（见图5-6）。

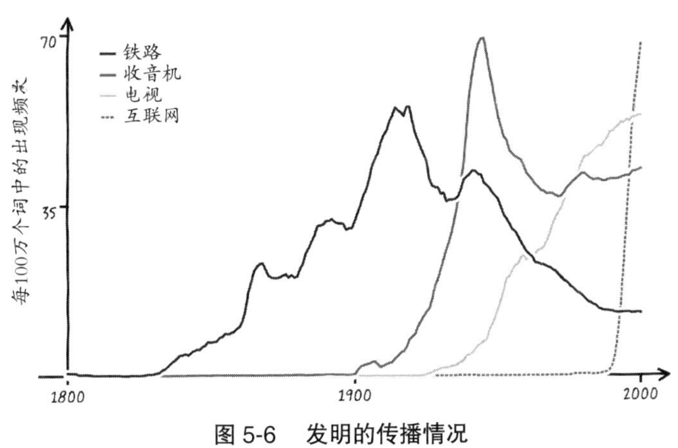

图5-6　发明的传播情况

关键的不同之处在于，发明的传播不是纯粹的信息传递，不能简单地通过电子邮件就能完成。无论是作为发明化身的工程技能、应用发明的技术技巧、推动发明销售和推广的经济模型，还是促进发明传播的基础设施等，对于社会完全接受一项新的技术思想而言都是必要的。**和具有新闻价值的事件不同，有关发明的新闻需要几十年才能传播开来。**

发明的传播呈现出的时间跨度使我们可以通过 n 元词组对其进行研究。传真机（fax machine）就是一个很好的例子（见图 5-7）。

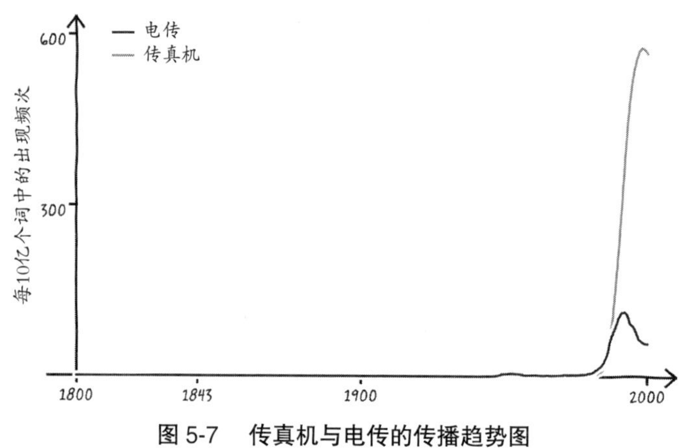

图 5-7　传真机与电传的传播趋势图

传真机出现后，“传真机”一词在 20 世纪 80 年代出版的书中的出现频次几乎是一刹那就升到了顶峰，看上去很像爆炸性新闻。那么，你能利用 n 元词组判断出传真机是什么时候发明的吗？

20 世纪 80 年代？不是。20 世纪 70 年代？也不是。20 世纪 60 年代？20 世纪 50 年代？20 世纪 40 年代？

猜对了！传真机是 40 年代发明出来的。但是，不是 20 世纪 40 年代。传真机的首个专利于 1843 年被授予了苏格兰人亚历山大·贝恩（Alexander Bain）。到 1865 年，当时被称为“电传”（telefax）的传真机商业服务在巴黎和里昂之间出现，这一切发生在电话发明之前。作为20世纪80年代的先进技术，从某种程度上说，传真机的普及与发展是得益于法国皇帝拿破仑三世的支持。重要新闻虽然传递得很迅速，但是重要的思想却不是。

新技术如何进入社会

如果想知道一项发明传播所需要的时间，我们就首先需要列出一系列新技术发明以及它们被发明的时间。

你可能会想，这件事很容易。数个世纪以来，美国政府一直都在给新发明授予专利，让发明家享有从他们的发明创造中获利的专有权利。正如美国唯一持有专利的总统亚伯拉罕·林肯所言："专利系统为天赋之火添加了兴趣的燃料。"《专利法》鼓励发明家尽早公开他们的新发明。因此，为了找出这些新技术成果被发明出来的时间，我们只需查看人们申请了哪些专利以及申请时间就可以了。

然而，说起来容易做起来难。

让我们以电话为例来谈谈为什么会这样。在美国，电话的发明归功于亚历山大·格拉汉姆·贝尔。1876年3月10日，贝尔在日记本里写下了这样一段话。

> 我对着话筒大声喊道："沃森先生，到这里来，我想见你。"让我兴奋的是，他来了，并声称他听到了我的声音，而且完全能理解我说的话。

随后，贝尔将这项技术成果进行了商业化，创办了一系列公司，这些公司的分支和衍生出的新公司至今仍然主导着美国电信业。对美国人而言，贝尔是一位技术英雄，他为我们今天信息时代的来临奠定了相当的基础。

然而，在意大利却留传着另外一种说法：电话的发明者是安东尼奥·穆齐（Antonio Meucci）。这位美籍意大利人声称，他在 1854 年左右就发明了电话（telettrofono），并一直在努力地对其进行改进。1870 年，他设法让自己的声音能够通过电线传递到了 1.6 公里以外的地方。相比而言，1876 年和贝尔一起工作的沃森不过就在隔壁而已。

那么，伊莱沙·格雷（Elisha Gray）呢？格雷于 1872 年创办了西部电气制造公司（Western Electric Manufacturing Company），为西部联盟电报公司（Western Union）提供了电报设备。在研究这些设备时，格雷发明了变阻麦克风（variable-resistance microphone）。这个设备可用于对多音调声音进行编码，然后让声音通过电线进行传输，例如人声。由此可见，实际上，从某种意义上说，格雷也发明了电话（见图 5-8）。

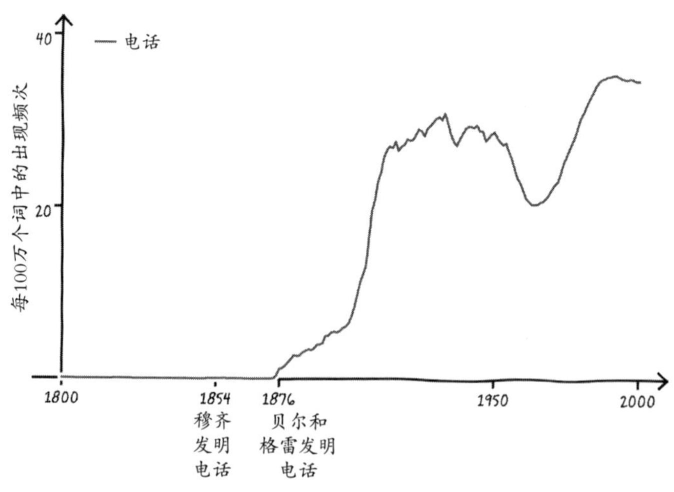

图 5-8　是谁发明了电话

这些伟大的人物都可能是或可能不是电话的发明者，他们的争论听上去就像在争论谁才是19世纪后期的发明家一样。他们当中的很多人都曾申请专利来描述自己的贡献。穆齐在1871年提交了一份专利申请——一种临时专利，他将自己的技术称为“语音电报”（speaking telegraph）。但是，这是否意味着穆齐应该就得认可呢？奇怪的是，几年后，他任由自己的这份临时专利声明过期了，最终没有变成一个真正的专利。而且，穆齐是否如他所说的那样发明了电话，我们也不得而知。1876年2月14日，在穆齐提交专利申请的5年后，格雷的律师来到了位于华盛顿的美国专利局，为格雷的电话发明提交了一份专利申请。这表明，电话的发明权应该归功于格雷。但是，在那天之前，贝尔的律师也去了专利局。就像你猜的那样，他也为电话发明申请了一份专利。

147个重要日期

我们几乎不能肯定某个事物是什么时候发明的，需要折中一下。一种选择是对各项专利逐个确认，例如电话，然后再基于证据尽可能地去猜测。然而，这是危险的做法。或许，我们自己有意无意的偏见会影响最终的结果。阿维娃则作出了最明智的选择：放弃猜测，转而向维基百科寻求答案。

维基百科记录下了很多重大发明的诞生日期。我们知道，其中有些并不是最准确的日期。但是，由于这些日期也不是我们猜测得出的，因此我们可以确信自己的偏见并没有夹杂于其中。另外，这些日期不太可能产生影响到我们实验结果的系统偏见。而重要的日期则会帮我们得出更准确的实验结果。

阿维娃检查了每个日期的合理性：至少有一个最相关的专利是在那个时候提交的，并且根据我们的n元词组，该项技术成果在那个日期之前没有被广泛应用。用以检查的词组包括该技术对应的任何 n 元词组（例如，对传真机而言，有 fax machine 和 telefax）。如果某个专利的日期不合理，那么她就会把该专利从我们的“小专利登记处”删去；至于其他的则统统保留。

最终，她得到了一张列表，包括 147 项伟大发明及它们的诞生日期。这张列表中包括了各种很酷的发明。其中一项发明是打字机，该专利在 1843 年由查尔斯·瑟伯（Charles Thurber）申请。有趣的是，他将这项发明视为一项对“盲人……和容易紧张的人”特别有用的辅助工具。另外一项重要的发明是文胸，1913 年由西格蒙德·林道尔（Sigmund Lindauer）申请了专利。这张列表中还包括分子（吗啡和维生素 B1）、材料（耐热玻璃和酚醛塑料）、交通工具（直升机和电梯）、武器（炸药和机枪）以及很多有用的小玩意儿（订书机、带锯、安全剃刀）和概念（巴氏灭菌法）。就像一家百货商店一样，在那里，你能找到自己所需要的一切，无论是牛仔裤还是电灯泡。同样，你也能在那里找到许多你不需要的东西，例如缆车和石油钻头。

使用这张列表，我们就能够研究伟大发明的诞生故事了。有些情况下，像李维·斯特劳斯（Levi Strauss）发明的牛仔裤。即使是在今天，牛仔裤的影响力还在继续增长。而其他发明，譬如玻璃纸，已经过气了。这些发明或许教给了我们一些东西，或许我们偶尔还在使用，或者又催生了新一代的发明。然而，从集体记忆的角度来看，这些发明都已经变得陈旧了。

当然，最让我们兴奋的是，像艾宾浩斯的无意义音节一样，这张发明列表使我们得以研究整个社会的记忆过程。在前几章，我们研究了那些著名人物是在多大年纪时开始对文化记录产生影响的。如今，我们要问一个有关技术的类似问题：通过 n 元词组进行测量时，一项发明需要多长时间才能达到其最大影响的 1/4 呢？

UNCHARTED
文化中的大数据

以左轮手枪为例。1835年由塞缪尔·柯尔特（Samuel Colt）申请了该项专利。1918年，六发式左轮手枪达到其影响力峰值，大约每100万个词中出现6次，是比尔·克林顿影响力峰值的3倍。1859年，左轮手枪达到了其影响力峰值的1/4——每100万个词中出现1.5次。1835—1859年的时间跨度是24年，这为我们理解左轮手枪从发明到受到大众欢迎所需时间提供了一个直观的认识。这是一种测量方式，用于测量社会在记忆某个特定概念时的速度。

事实证明，和前几章讨论的名人相比，不同专利获得普及所需要的时间长短差异很大。发明于1978年的索尼随身听只用了10年就到达了其影响力峰值1/4这个里程碑。苹果的iPod与此类似。假如你想让自己的发明迅速产生影响，那么发明便携式音乐播放器似乎是一个不错的选择。左轮手枪、玻璃纸在到达其影响力峰值的1/4时，花费了将近25年时间，打字机用了45年，蓝色牛仔裤则用了103年（见图5-9）。如此看来，李维·斯特劳斯形成影响的速度比数学家还要快一些。

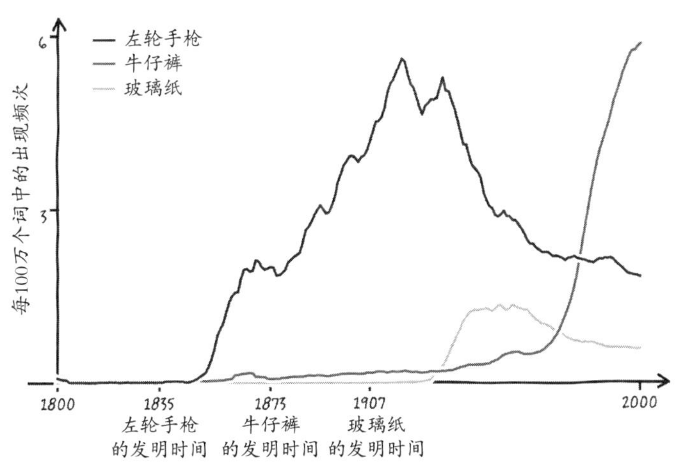

图5-9 左轮手枪、牛仔裤、玻璃纸的影响力发展曲线图

不过，一项新技术需要一个世纪之久才能普及，这些数字现在看起来似乎太大了。今天，新技术在不断地改变着我们的生活。那么，现在正上演着什么？集体记忆的速度如今提高了吗？

奇点，还是破灭？

事实上，我们可以通过 n 元词组检验发明所产生的影响。

为此，我们将类似于艾宾浩斯的发明列表和安德沃德的断代分析法相结合。我们首先将这 147 项技术发明按照发明日期进行排序，排在第一位的是提花织机（1801 年），排在最后一位的是早期的一种电子乐器电子琴（1920 年）。然后，我们将这些发明分成 3 个时期：19 世纪早期的发明（1800—1840 年）、19 世纪中期的发明（1840—1880 年）、19 世纪和 20 世纪之交的发明（1880—1920 年）。

随着时间的演进，集体记忆在不同时期的差异表现得很明显。**19 世纪早期的技术到达其影响力峰值的 1/4 需要 65 年，19 世纪和 20 世纪之交的发明则只需要 26 年。集体记忆曲线现在正变得越来越短，每 10 年会缩减大约 2.5 年。**可见，整个社会学习速度正变得越来越快（见图 5-10）。

为什么会这样呢？和集体遗忘一样，我们不太清楚其原因。然而，它可能带来的结果却很值得我们思考。

不断衰减的集体记忆曲线可能带来的一个有趣结果，是在物理学家斯塔尼斯拉夫·乌拉姆（Stanislaw Ulam）和博学的约翰·冯·诺依曼交谈时出现的。乌拉姆对那些具有重大影响力的发明了如指掌，他本人也发明了氢弹。诺依曼则是著名的数学家、物理学家、博弈论学家、计算机科学之父。他首次提出了“相互确保摧毁”（Mutually Assured Destruction）的观点及其缩写 MAD。这两人之间的交谈一定很有趣。诺依曼感觉到，技术进步的速度正在加快，尽管他无法对其进行精确的量化。在和乌拉姆的交谈中，他注意到：

> 日益加速的技术进步以及人类生活模式的变化……看起来我们即将到达历史进程中的一些“本质奇点”（essential singularity）了。而除非我们达到这些奇点，否则人类文明将不能继续发展。

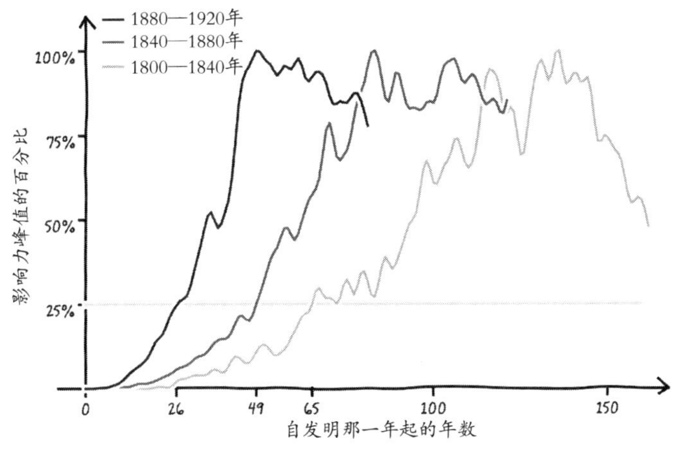

图 5-10 越来越短的社会学习速度

这一观点在未来学家雷蒙德·库兹韦尔（Ray Kurzweil）的推动下日益普及。他注意到，计算机芯片处理能力的提升速度是被称为“摩尔定律”的一个著名奇点，这意味着到 2045 年，一台普通计算机的处理能力将超过全世界人类大脑处理能力的总和。他预言，到那个时候，我们可以通过将我们的想法下载到硬盘中，使其在计算机中永远存活。这就是库兹韦尔所指的“技术奇点”。

它似乎是一个很奇怪的概念。不过，库兹韦尔并不是疯子。他在麻省理工学院读书时就创办了自己的第一家公司，拥有很多被广泛使用的技术成果。比尔·盖茨称库兹韦尔为“在预测人工智能未来方面，我所知道的做得最好的人”。而《福布斯》更为其打上了“终极思考机器”的标签。2001 年，他荣获了奖金为 50 万美元的勒梅森 - 麻省理工奖（Lemelson-MIT Prize），这是世界上分量最重的发明奖。比尔·克林顿为其颁发了美国国家技术奖（National Medal of Technology）。还记得吗？我们曾说过，比尔·克林顿的名气可是比沙拉中很多原料的名气还要大呢。因此，毫无疑问，库兹韦尔非常了解技术发明。然而，他的预言准确吗？

我们真的不知道。**迄今为止，n 元词组只能帮助我们了解过去，却不能预测未来。**

量化民族精神

我们对记忆进行的原始测量表明，我们有可能做到维也纳学派一个世纪前认为不可能做到的事：通过实证法来测量集体意识和集体记忆的方方面面，从而量化人们的精神——民族精神。

然而，我们还没有告诉你，这是一件非常危险的事情。

民族精神这个概念是由德国哲学家约翰·戈特弗里德·赫德尔（Johann Gottfried Herder）在 18 世纪提出的，他的动机很单纯：赫德尔本人非常多元化，他反对奴隶制度、殖民主义和一切认为种族之间存在根本性生物差异的说法。但是，他认为，民族之间是存在差异的，他将这种差异称为“民族精神”。然而，他不认为这种差异体现出了任何民族的优越性或劣根性。

如果向民族精神的概念中混入狂热的民族主义，你很容易就能看出赫德尔的思想是如何变成种族歧视的遮羞布的：我是优越的，因为我们的民族拥有更优质的民族精神。

在某些情况下，这一幕真的发生过。我们不妨回忆一下前面提到的德国学生联合会提出的 12 个主题，这些主题直接引发了整个德国的焚书运动。他们想通过消除任何非德国精神的事物来实现“尊重民族传统”。如果你了解一下 19 世纪和 20 世纪的种族歧视，就会发现自己总能从中找出“民族精神”的影子。

不过，实现民族精神的方式多数不是这么极端的。德裔美国知识分子法兰兹·鲍亚士（Franz Boas）通常被称为“现代人类学之父”，在他的著作中，他提出了与民族精神相同的概念。但是，他明确地拒绝了将民族精神和极端民族主义者的意识形态混为一谈，并将这种危险的混淆视为智力上和道德上的方法枯竭。

鲍亚士则试图将民族精神和那些曾经激励过艾宾浩斯的实证精神综合起来。对鲍亚士而言，尽管文化处于不断变化和发展之中，但仍可以进行观测和经验性描述的。通过将这两种传统结合在一起，鲍亚士为有关文化的科学研究奠定了基础，形成了我们今天所说的“人类学”。

由于汲取了鲍亚士的思想，在和科学家们交谈时，我们喜欢将自己所做的事情称为“文化组学”（culturomics）。

这里，后缀“-omics”表示组学，该后缀已经应用到了现代生物学以及其他学科中。

“文化组学”中的“culture”是指鲍亚士的文化，它的各种变种体现了人类永无止境的好奇心和取得的成就。

绘制人文演进的图景

2010 年，在哈佛大学演化动力学研究计划的一个暗室里，沈渊刚刚从谷歌的坎布里奇（Cambridge）的分部回来，他带回了存有 n 元词组数据的硬盘。这些数据是几个小时前刚刚整理出来的。我们把硬盘插上，打开计算机，迫切地期待着我们在 3 年后终于如愿以偿地拥有了想要的东西。我们 3 个人在等待计算机启动时，房间里只有硬盘转动时发出的细小声音。

最终，命令提示符出现了。

从哪儿开始呢？进化——是它带我们走到今天的。

硬盘再次转动。一分钟过去了，我们紧接着敲击了几下键盘，突然间命令提示符变成了一幅图。通过柔和的、起伏的线条，数世纪以来的数百万个声音向我们开口说话了。这条曲线从数据的海洋中提取出了一个个简单而寓意深刻的、人人都能理解的故事。

我们默默地确认。没错，是进化（见图 5-11）。

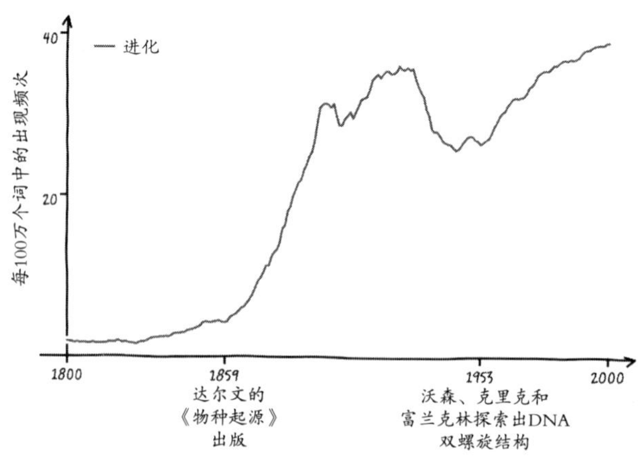

图 5-11　进化的发展曲线

接下来是“砰”的一声：我们开酒庆祝了！

首次品尝总是免费的

曾经，我们试图说服另一个谷歌人，打造一个研究n元词组的工具是个好主意，我们还提议将这个工具称为“书虫”（Bookworm）。然而，他迅速打消了我们的念头：“谁会用这个工具？教授？好吧，假如全世界每位教授都使用‘书虫’这个工具，也就是说，才有10万人。在谷歌，10万用户甚至可以忽略不计。”

我们很难就这个问题和他争辩下去。

大数据透镜 UNCHARTED

在我们拿到数据并开始着手打造这一工具之后，我们注意到了一件奇怪的事情：“书虫”正在掌控我们的生活。我们无法让自己不去用它。我们从进化开始，然后探寻不规则动词是怎么产生的呢？总统们的名望如何呢？爱因斯坦呢？在鸡尾酒宴会上，有人会问这样一些问题：人们是什么时候开始使用“性别歧视”（sexism）一词的？我们的计算机回答道：20世纪70年代初期。那人们又是什么时候开始使用“donut”（甜甜圈）代替“doughnut”的？我们的计算机又回答道：20世纪50年代，就在甜甜圈连锁店唐恩都乐（Dunkin' Donuts）创办不久。

接下来，我们开始探讨，如何将我们最有趣的发现写成一篇学术论文。我们认为，写出这样一篇论文将有助于我们继续进行研究。然而，每当我们就某个话题开始写作时，总会不断地被一些新的n元词组所干扰：休闲食品？企业？恐龙？在讨论结束之后，我们意识到：相较于新发现的令人大开眼界的东西，我们认为最有趣的发现总是那么无趣。这是为什么呢？难道我们上瘾了？怎么才能戒掉我们对 n 元词组的瘾呢？

我们需要停下来以便有时间整理一下思路。于是，我们把那 4 台能够访问 n 元词组数据库的计算机送了出去。这 4 台计算机是当时世界上仅有的运行着“书虫”原型系统的计算机。我们把其中一台送给了平克，他很快根据这一工具的启发绘制出了一些有趣的图表，并放到了他当时正在写的书中。另一台被送给了埃雷兹的妻子阿维娃。很快，她也得出了一些新的发现：在“书虫”上查看德文 n 元词组“Mendelssohn”（门德尔松）促使她开始研究审查制度。现在，她也上瘾了。

我们把第三台计算机送给了马丁·诺瓦克。

> 一天，他下班回到家时，偶然间把“书虫”展示给他的儿子塞巴斯蒂安（Sebastian）看。那时候，塞巴斯蒂安刚 16 岁，他输入了一个词，一幅图表便弹了出来。随后，他又试了另外一个查询。在试了两个词之后，他把这台计算机搬到了自己的房间。十几分钟后，他兴奋地打电话给自己的一位朋友说：“你一定想过来看看这个。”那位朋友来了，他们一起一个词接一个词地输入，一直玩到了深夜。

我们把最后一台计算机送给了 2010 年谷歌图书馆峰会，这次峰会邀请我们做一个特邀报告。在这个峰会上，谷歌一般会向全世界很多图书馆的负责人宣布其在图书数字化项目上的最新进展。

你可能会认为，图书管理员都是一些非常安静的人。但我们在峰会上见到的那些人却不是这样。

我们刚解释完有关我们研究的一些基本概念，那些图书管理员的热情就开始高涨起来，因为他们之中没有人曾经听说过其他与 n 元词组类似的东西，更不用说是像我们这样的研究范围了。我们的报告吸引了报告厅里所有人的眼球。当我们开始展示一些例子时，我们感觉到了报告厅里人们异乎寻常的热情。最终，45分钟过去了，报告结束，我们启动了“书虫”。我们问听众：“有问题吗？”雷鸣般的掌声响起，我们之前从没有这么受欢迎。掌声过后，我们听到了这些图书管理员的呼喊：

试一下 he（他）和 she（她）！
输入 global warming（全球变暖）！
Pirates（海盗）和 ninjas（忍者）！
……

房间瞬间像炸开了锅，弥漫着兴奋、好奇、欢笑和着迷。

我们的“书虫”是那么引人入胜、诱人和令人上瘾。

让世界一起上瘾

坐在第一排的丹·克兰西一定看出来了，我们搞出的这个小玩意儿可以让谷歌的众多用户像我们和图书管理员一样感兴趣。他这样说道：“谷歌想要基于我们的原型系统开发一个新产品，作为‘谷歌图书’的一部分。”他的话让我们激动万分。

突然间，我们的研究项目从方法论式的、科学研究式的“乌龟”变成了谷歌驱动的“兔子”。两周内，能干的谷歌工程师乔恩·沃尔特、马特·格雷和威廉·布罗克曼（William Brockman）就建成了一个绝妙的、网络版的“书虫”。为了避免漫长的商标申请审核过程，我们放弃了“书虫”的名字，赋予了它一个简单、技术性的标签：n元词组词频查看器。2010年12月16日下午2点，《科学》杂志刊登了我们的学术论文。与此同时，谷歌启动了

n 元词组词频查看器。

> 仅仅过了 24 小时，该网站的访问量就达到了 300 万次。Twitter 上开始热烈评论我们的 n 元词组词频查看器。譬如：用户“gbilder”评论说“上瘾”；用户“paulfroberts”评论说“非常令人上瘾”；用户“rachsyme”评论说“我的天哪，谷歌 n 元词组词频查看器是我碰到的最让人上瘾的东西”。《琼斯母亲》（*Mother Jones*）则热情洋溢地评论道：“这或许是互联网时代最棒的打发时间的工具。”第二天早晨，当我们翻看《纽约时报》时，吃惊地发现，n 元词组词频查看器的相关报道出现在了头版头条中。

问题解决了：如果我们不能从对 n 元词组词频查看器的上瘾中解脱出来，至少我们可以让其他人和我们一起上瘾。

量化人文 妈妈，火星人来自哪里?

1610年9月，伽利略开始对火星进行观测。那一年的12月，他注意到了一些奇怪的现象：火星似乎在变得越来越小，此时只有9月份的1/3那么大。对此，伽利略总结道："在过去几个月内，火星在向远离地球的方向移动，距离地球越来越远。"这是说明地球不是宇宙中心的关键证据。然而，伽利略的望远镜太原始了，还分辨不出火星表面的任何东西。

几个世纪后，天文学家乔凡尼·斯基亚帕雷利（Giovanni Schiaparelli）将一台更为先进的望远镜对准了火星。接着，他看到了奇怪的现象：这个红色星球的表面上蚀刻着大量的线条。斯基亚帕雷利的发现让一位叫作帕西瓦尔·罗威尔（Percival Lowell）的人感到非常兴奋。1894年，罗威尔决定打造一个观测工具亲自观测。在他于亚利桑那州弗拉格斯塔夫市（Flagstaff）建立的天文台上，罗威尔也看到了那些线条。而罗威尔团队的许多成员则都证实了他的发现。在这些直接观测结果的基础上，罗威尔的团队绘制了火星表面的详细地图。他们的地图显示，这些线条在火星表面相互交叉，形成了一个密集的网络。

那么，火星表面的这些线条是什么呢?

罗威尔的解释依赖于一个世纪之前就广为人知的知识：火星上除了其两极的冰冠之外没有水存在。罗威尔认为，这些相互交叉的线条是一个巨大的运河网络，是这个濒死的星球上曾经的居住者们为了运用两极的水资源而修建的灌溉系统。依据他通过望远镜看到的这些线条，罗威尔得出了这样的结论：火星曾经是某些智能生命的家园。地球并不是智能生命能够存活的唯一星球。

罗威尔的结论在科学界引起了很大的争议。大部分科学家对此持怀疑态度。然而，有些人非常认同罗威尔的观点。亨利·诺利斯·罗素（Henry Norris Russell）评价他有关火星上存在运河的观点时说："罗威尔先生和他在亚利桑那天文台的团队提出的理论也许是现有有关火星的最好理论，这一理论对我们的想象力来说无疑深具启迪作用。"

罗威尔这一观点的影响超出了科学界。伴随着 3 本书的畅销，罗威尔的观点征服了全世界。与此相关的新闻报道也令人应接不暇。一位观察者甚至发现，罗威尔提出的火星运河网络中嵌着上帝的希伯来名字：Shadai。1898 年，赫伯特·乔治·威尔斯（H. G. Wells）出版了科幻小说《星球大战》。在人们对罗威尔的发现不再感兴趣之前，火星人（Martians）已经"占领"了地球。至少，想象出的火星人已经占领了地球。

到了 20 世纪第一个 10 年，随着望远镜变得越来越先进，人们能够对火星进行更进一步的观测，他们对罗威尔观点的科学热情开始衰退。当然，观点的半衰期是很长的，这样有趣的观点更是如此。罗威尔的观点以及灌溉地图仍然保持着影响力。当美国国家航空航天局（NASA）发射第一个无人探测器为火星拍照时，任务规划中就仔细地标记出了罗威尔提出的运河网络。1964 年，当"水手 4 号"无人探测器穿越太空到达目的地时，人们对于火星上是否存在生命的关注再次形成了一波热潮（见图 5-12）。

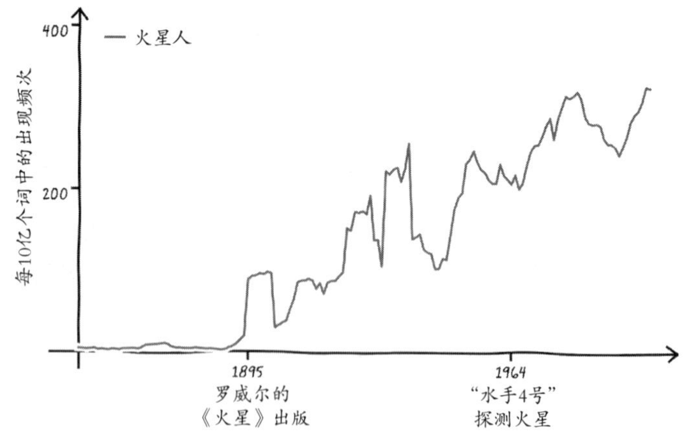

图 5-12

“水手4号”在对火星的表面进行探测飞行时发回的一些照片使人们感到失望。火星上没有运河，没有上帝的名字，也没有存在智能生命的明显迹象，甚至更没有任何一条罗威尔提到的线条。照片上只有广袤而荒凉的红土，以及一些火山口。

一个新视角的好处是可以帮助我们探索未知的世界。然而，其危险的一面是，我们很快就将通过它能看到的和我们希望看到的混为一谈。哪怕是最强大的数据也屈服于它的解释者。火星人不是来自火星，他们来自一个叫作帕西瓦尔·罗威尔的人的脑子里。

透过我们的视角，我们看到了自己。每一个观测世界的新透镜也是一面观测我们自己的新镜子。

|第 6 章|

乌托邦、反乌托邦与数托邦

让预测人类未来成为现实

Big Data
as a Lens on
Human Culture

在《撒母耳记》中，以色列的大卫王想知道有多少人处在他的统治之下。于是，他做了一次“人口普查”。9个月后，结果出来了，在他的统治之下共有130万身强力壮的战士。但是，大卫王的这次普查触怒了上帝。上帝给以色列送去了瘟疫。几千年来，有很多像大卫王一样的人曾经多次试图对社会的方方面面进行量化，但这多数可能是一项冒险的事业。

在本书中，我们看到，**数字化的历史记录正在使我们对人类群体的量化成为现实，这是前所未有的。**而今天，我们需要做的不再只是数数羊或者数数人这样简单的量化工作了。

大数据透镜 UNCHARTED

我们现在能够在许多方面进行非常详细的测量，从而能够探究历史、语言和文化的重要方面。我们前面展示的那些简单图表只是冰山一角。在接下来的几十年里，个人的、数字的和历史的记录将彻底改变我们认识自身及周围世界的方式。

在结束本书之前，我们想勾勒出这些记录如何对我们产生影响，以及它们对于科学、学术和即将出现的量化社会意味着什么。

同时，我们还将探讨最后一个问题：所有这些变化都是有益的吗？大数据会是一片乐土吗？在接下来的几年内，我们作出的决定会给自己带来麻烦吗？

数字化的过去：书籍、报纸等的数字化

本书探讨的 n 元词组数据源自数百万本书。按照现在的标准，这无疑是大数据。然而，当多年后对此进行回顾时，我们也许会有不同的看法。毕竟，几百万本书相对于人类巨大的文化产出而言只是很小的一部分。

接下来，我们来谈谈有关埃德加·爱伦·坡（Edgar Allan Poe）这样一位历史人物。和早期的许多作家不同，他的谋生途径只有写作。然而，由于当时没有《国际版权法》，19 世纪的作家很难靠写作来维持生计。迫于生活所需，爱伦·坡会在任何可能的地方出版作品，作品形式也不拘一格。他写过诗歌、短篇故事、话剧、小说、评论、散文和书信体等，甚至还虚构过一个有关横跨大西洋的气球旅行的夸张故事，并试图将之发表在《纽约太阳报》（*New York Sun*）的特刊上。

倘若要考虑历史记录的未来以及数字化是如何对其产生影响的，爱伦·坡的作品则是我们必须要读的。他的哪些作品成了数字化历史记录的一部分呢？这些作品又是怎样数字化的呢？其余的作品呢？我们将带着这些问题在未来历史记录中进行一次快速的旅行。

书籍

最初，在构建 n 元词组词频查看器时，我们使用了大约人类历史上出

版过的所有书的4%。2012年，我们帮助谷歌的尤里·林（Yuri Lin）、斯拉夫·彼得罗夫（Slav Petrov）等人将n元词组词频查看器进行了升级，覆盖了所有书的6%。当然，我们只使用了谷歌数字图书的一部分。如果使用谷歌所有的3 000万本书，将占人类所有书的20%。那么，其余的80%呢？什么时候这些书也能被数字化呢？

让我们觉得很方便的是，新增书中有越来越高比例的书一开始就是数字化的，自出版那一刻开始就以电子书的方式流通。目前出版的图书数量比人类历史上任何时候都要多。因此，以数字化形式存在的书所占比例在日益增长。

不过，仍然有一些书以实体书的形式存在，而这些书也正是图书数字化工作主要关注的对象。出于保护人类遗产或盈利的目的，私有企业和政府已经开始行动。但谷歌仍然主导着图书数字化的工作，它目前已经完成了人类所有1.3亿本书中3 000万本书的数字化工作。据谷歌预测，其他书的数字化工作到2020年将会完成。很可能，人类留存下来的绝大部分书籍马上就将以数字化形式出现了。

从定量分析的视角来看，从我们目前覆盖的4%提升到100%，这25倍的提升将会对我们使用文化望远镜进行的观测产生重要的影响。想一想伽利略，他用来将地球从宇宙中心的位置上“踢”下来的望远镜，也只不过比肉眼强了30倍而已。

虽然如此，但我们对书籍记录的研究仍然面临着巨大的阻力。

一个很大的阻力来自《版权法》。和爱伦·坡生活的时代相比，现在的《版权法》严格了很多，可以说已经成为制约图书数字化的一大阻力。1998

年的《版权期限延长法案》（*Copyright Term Extension Act*）就是一个很好的例子。该法案将版权期延长到作者去世70年后，有效地阻止了1923年之后出版的几乎所有书的在线流通，以及数字化研究或者数字图书馆的建立。互联网档案馆（Internet Archive）、Hathi Trust数字图书馆、古腾堡（Gutenberg）等组织正在努力让书尽可能地公开。但是，鉴于《版权法》当前的情况，对于过去这半个世纪出版的书，它们也无能为力。

《版权期限延长法案》也影响着信息生态系统的其余部分。例如，我们的文化观察（Cultural Observatory）研究组开发了比n元词组词频查看器强大得多的开源工具，能够将图书记录按照各种方式分割以截取有用的信息。譬如给定一个单词“raven”，我们可以迅速统计出这个单词在美国30岁男子写的叙事诗歌中的出现频次。不过，我们的统计只能上溯到1923年。对于20世纪的书，如果我们进行类似的处理，律师们——穿着黑色长袍的卫士就会出现在我们门前说：“下不为例。”

我们还面临着另外一个潜在的阻力。随着数字图书和数字信息变得日益重要，纸书的生存面临着来自多方面的威胁。在Kindle电子书阅读器出现仅仅3年后，亚马逊上电子书的销售量就超过了纸书。而且，不仅仅是亚马逊，很多平台和零售商在近几年都呈现出了纸书向电子书过渡的趋势。从长远来看，重要的文字和精神食粮——譬如《圣经》，无疑仍然会以印刷的形式出现。但是，纸书可能会越来越少。按照齐夫定律来看，纸书将走上不规则动词的道路。几年后，包括我们这本书在内的很多书将不再被印刷出版。

纸书在过去的大本营——图书馆里也面临着威胁。几千年来，在保存历史记录方面，图书馆是最重要的机构。随着在线图书馆的快速兴起，传统的实体图书馆在大幅削减开支。近年来，60%的图书馆的经费保持持平或下降。

随着经费和空间的吃紧，图书馆别无选择，只好抛弃一些旧书，为新书腾出地方。为防止遗失而安装在书上的跟踪设备会使一些好心人找回这些书，将其放回原位。移除这些跟踪设备需要花费很大代价。相反，图书馆定期会做一些我们或许认为不可思议的事情：秘密销毁书籍。这样的事情正在大规模地上演。有时候，一些大图书馆一次就会处理掉数十万本书。

哪些书会被销毁呢？每个图书馆的策略各异，不过图书销毁通常是一种不加分辨的过程。人们没有去记录哪些书被销毁了。近期，英国前首相大卫·劳合·乔治的私人图书馆就对其藏书进行了成卷的清理。而有时候，图书馆会检查谷歌对哪些书进行了数字化，再据此选择相应的书进行清理。这是一场全面的“屠杀”，人类文化遗产的相当大一部分会被清理掉。我们曾指出，审查制度会意外地让某种思想盛行起来。而今相反的事情发生了：一场试图让书更广泛地传播的行动却在威胁着这些书的实体存在。可见，图书数字化留下了一份复杂的遗产。

报纸

当然，历史记录不只由书构成。例如，报纸上就刊登了爱伦·坡的《气球骗局》。报纸是一种非常好的资源，它能反映城市焦点、社会运动的状况和人们日常关注的东西。那么，我们能够找出《气球骗局》的数字版吗？

起初，我们可能会觉得非常有可能。旧报纸的数字化已经取得了很大的进展。今天，《纽约时报》、《波士顿环球报》等许多重要的报业机构已经对自己发行过的所有报纸进行了数字化。美国国家人文基金会（National Endowment for the Humanities）对美国早期报纸数字化的举措给予了大量资助。现今，数字化的早期报纸已经覆盖了一个多世纪的600多万份报纸的版面。其他国家也有类似之举。仅澳大利亚的“收藏品”项目就对报纸上的1

亿篇文章进行了数字化。而谷歌也加入了进来，对 2 000 家报社历史上发行过的报纸进行了数字化。

虽然这一数字化工作取得了一些让人印象深刻的进展，但在规模和覆盖面方面，报纸数字化和“谷歌图书”还不能相提并论。

今天，人们很容易找出爱伦·坡的《气球骗局》的数字版。但是，这是得益于图书数字化的成功，而不是报纸数字化。由此，我们也看到了报纸数字化和图书数字化之间的差距。这个虚构的故事如此出名，它出现在许多收录爱伦·坡的作品的书中。这些书和爱伦·坡的所有作品一起被数字化了，但报纸上的相关报道却没有被数字化。

未出版的文字

出版也是最近才兴起的。在出版社出现之前，文字是以手稿的形式流通的——手工书写和复制。今天，很多优美的文字仍然只以手稿的形式存在。许多著名的手稿，例如《死海古卷》（*Dead Sea Scrolls*），以及许多著名的收藏（大英图书馆里的希腊文手稿）已经被数字化了。但是如今，对手稿进行系统性的数字化的覆盖程度仍然非常低。

当然，此类未出版的文字并未因出版的出现而销声匿迹。爱伦·坡留下了 422 封信。这些信和他的《气球骗局》已经被数字化了，而爱伦·坡的名气也使这些信件和故事收录在了许多书中。爱伦·坡写的或与他相关的其他资料通过一个围绕爱伦·坡进行的研究而被数字化了，进行该研究的机构包括位于奥斯汀的得克萨斯大学哈利·兰塞姆中心（Harry Ransom Center）。在那里，你可以找到爱伦·坡的原始手稿的数字影像，包括写给爱伦·坡的信件和他放弃出版的作品。你甚至可以看到一些印有埃德加·爱伦·坡字样的香烟卡片——在棒球卡片风靡之前，印有演员、模特和作家的卡片用于香烟促销。

然而，对于未出版的文字而言，爱伦·坡的遗产并不具有代表性。像爱伦·坡这样的人物是受益于人们在进行历史记录整理时给予他的明星待遇。和他相关的任何事情都会被记下来和数字化。那么，其他人呢？对于99%的人而言，他们的笔记、游记和信件通常只会被遗忘在阁楼和旧箱子里，而被数字化的更是少之又少。

在发掘此类资料方面，只有少数几个成功案例。其中一个来自一位研究伊朗妇女的哈佛大学教师阿弗萨那·纳吉玛巴蒂（Afsaneh Najmabadi）。她在伊朗逐户拜访，询问每个家庭是否保留了和妇女相关的历史文档。纳吉玛巴蒂储存了她找到的所有东西的数字影像。她最终创建了卡扎尔王朝时期的伊朗妇女数字档案馆（Women's Worlds in Qajar Iran Digital Archive）。该档案馆拥有种类繁多的珍贵收藏，包括遗嘱、明信片和婚约等。所有人都有与此类似的收藏。但是，时间会使这些藏品渐渐消失。令人感到可悲的是，目前尚无系统化的努力来阻止这些藏品的消失。

若想了解更多关于此档案馆的收藏，请扫描以上二维码。

物理对象

弗吉尼亚州里士满（Richmond）有一处爱伦·坡的旧居，附近矗立着埃德加·爱伦·坡纪念馆，在那里，你可以看到他的手杖、他童年时睡过的床、他的一些旧衣服、他妻子的钢琴、他养父的画像，甚至还有他的一绺头发。这样的纪念馆提醒我们，人类历史除了文字之外还包括不计其数的其他东西。历史记录在我们绘制的地图和制作的雕塑中，在我们建造的房子里、保留的战场上和穿过的衣服中，在我们吃过的食物、弹奏的音乐和我们的信仰中，更在我们进行绘画的洞穴里和早于我们出现的生物化石中。

不可避免的是，这些东西中的大部分会遗失，**但我们的创造力则会远远超出我们的记录能力**。如今，能够保留下来的东西要比过去多得多。欧洲数字图书馆（Europeana）等项目在努力使数百万的文化遗产能够以数字形式通过万维网被访问，这些文化产物来自全欧洲的博物馆、档案馆和收藏室等。工艺品被以非常高的分辨率进行拍照留存，二维的或者三维的，使人们可以通过访问其网站观赏到世界上最珍贵的工艺品。你喜欢那片新石器时代的陶器碎片吗？今天，你可以对其进行三维扫描，然后使用 3D 打印机印出一个复制品。

扫描以上二维码，
即可观赏那些世界上最珍贵的工艺品。

对于历史，在它消失之前我们能够保留下多少呢？为了改变难以挽留住历史消失的现状，我们需要以长远的视角来考虑。

我们已经处于大科学时代。大型强子对撞机（Large Hadron Collider）及其对希格斯玻色子的探索耗资 90 亿美元。人类基因组计划（Human Genome Project）旨在确定人类生命的化学编码的字母序列花费了 30 亿美元。而我们投放到理解人类历史上的经费却少得可怜：美国国家人文基金会每年的预算大约为 1.5 亿美元。

大数据透镜 UNCHARTED

对历史记录进行数字化是人文科学走向大科学模式的一次空前的机遇。既然我们能够认可数十亿美元的科学项目，那我们应该也可以考虑同样耗资数十亿美元的项目来记录、保存和分享人类历史中最重要、最容易消失的部分，使我们和子孙后代能够对这一部分有所了解，其潜在影响无疑是巨大的。通过共同努力，科学家、人文学家和工程师创建了蕴含强大能量的共享资源。这些努力可以轻易就培育出下一

> **个谷歌和 Facebook。这两家公司正在对我们社会的各个方面进行着数字化。毫无疑问，大文化即将到来。**

虽然还有大量工作等待我们去做，但历史记录的数字化已经取得了明显的进展。我们前面提到的各种资源，如今只需要点击一下鼠标就可以看到，这改变了我们欣赏历史的方式。在过去，如果我们想和孩子们分享对历史的理解，需要到罗浮宫或史密森尼博物馆（Smithsonian）去参观。而这些资源在转变科学家和人文学家探索过去的方式，帮助我们观察和理解文学作品、艺术品、头发、明信片、战争和浪漫等是如何成为今天这个样子的。

数字化的现在：数字通信与社交媒体让人类更亲密

埃德加·爱伦·坡首创了侦探小说，该体裁最吸引人的地方在于，普通人背后都隐藏着非常深的秘密。假如你是一位历史学侦探，想知道爱伦·坡的秘密：他的私人生活和他隐藏的想法，那么你最好的入手之处就是翻看他的私人信件。他留下来的 422 封信就在那里等待你去翻阅。

你知道谁是被记录得比爱伦·坡还要详细的作家吗？就是你！

> 假如你只是一个普通的美国人，每周发出的电子邮件约为 422 封。很可能，你的电子邮箱账户中现在已经保留了十余年的邮件了，这比爱伦·坡所留下来的信件数量多上数百倍。另外，你并不是唯一一个拥有如此详细记录的人：2010 年，20 亿的电子邮件用户共计发出了 10 万亿封电子邮件，其中不包括垃圾邮件。如今，普通人的邮件比过去大多数总统的邮件保留得还要好。

这些电子邮件记录是一种强大的资源。它不仅详细记录了我们的过去，而且使我们有可能以一种令人兴奋的新方式认识自己。

UNCHARTED
文化中的大数据

> 如果能对某个人电子邮箱中的邮件进行简单的 n 元词组分析，那我们便可以了解到关于他日常生活的许多信息。我们可以看出，他的邮件中的语言多年来正渐渐从法语向英语转变，反映了他从法国移居美国后的文化适应过程。还有他与朋友间的来往，年轻时的激情消退了：在过去 10 年内，他使用 party（聚会）一词的次数不断下降。同时，他的爱情生活展开了，最终收敛到一个词：Ina（艾娜）。如果你以这种方式对自己的生活进行探索，那么你会不断地重新发现那些曾经对你很重要而随后又被慢慢遗忘了的东西。

大数据并不总是令人望而却步，它可以为我们打开一扇密切观察自己个人生活的窗户，能够使我们实现自我。

我们的数字记忆远不止通信而已。伴随着每年收发的 1.5 万封电子邮件，一个普通人每年会发出或者收到 5 000 个电子邮件的附件。此外，从数字记录中还可以看出，很多人“喜欢”做大约 140 件事情，往 Facebook 上上传 18 张照片；另将 20 张照片上传到其他一些图片分享应用；在 Twitter 上发 9 条推文；在 YouTube 上上传 20 秒的视频；上传 52 个文件到 DropBox；通过社交网络和 43 个朋友进行交流。这些还只是我们在线分享的图片、文档、视频和音乐等，其他未分享的不在其中。另外，全球有接近 3/4 的人还没有接触过互联网。

总之，这些资料详细记录了数十亿人的生活。在几十年前，这些都是不可想象的，在人类历史上是绝无仅有的。每小时通过 Twitter 发布的推文，比古希腊留下来的所有文字记录还要多。和今天的普通人相比，像爱伦·坡这样的人是那么的神秘莫测——缺少详细的记录。

不过，和未来的人相比，今天的人也完全是个谜。

数字化的未来："数字化来世"将触手可及

在本书的开始，我们说过，如今一个普通人每年产生的数据差不多有1太字节。然而，有些人会超出这个平均值，其中一位是德韦恩·罗伊（Dwayne Roy）—— 一个生活在波士顿的正在蹒跚学步的小孩儿。事实上，他一个周末就可以产生1太字节的数据。

为什么德韦恩会产生这么多数据呢？

德韦恩是德布·罗伊（Deb Roy）教授和鲁帕尔·帕特尔教授（Rupal Patel）的儿子。德布·罗伊在麻省理工学院的媒体实验室（MIT Media Lab）有一个认知机器研究组（Cognitive Machines Group），而鲁帕尔·帕特尔则在美国东北大学（Northeastern University）中研究言语病理学(speech pathology)。他们对儿童如何学习说话非常着迷。帕特尔关注这一方面是因为这就是她的研究领域，而罗伊关注这一方面则是因为他想运用同样的原理教他的机器人学习使用人类语言进行交流。这对夫妇意识到，理解儿童如何掌握语言的核心挑战是缺少数据。没有人曾详细地记录过儿童在成长过程中接触语言的各种方式。

当帕特尔怀孕时，为了直接应对数据匮乏的挑战，这对夫妇决定对这个新生儿成长的前3年进行详细的记录。受美国国家自然科学基金资助，他们开展了一个被罗伊称为"人类家庭语言计划"（Human Speechome Project）的项目。为此，罗伊在家中安装了11个高清摄像头和14个麦克风，并用914米长的电缆将这些设备连接到了一个位于地下室的数据中心。每天，该数据中心会存储超过300吉字节关于德韦恩的信息。他走的每一步、发出的每个声音、听到的每个声音、看到的每个东西，所有这些都为了科学目的而被记录了下来。当德韦恩

> 睡着的时候，摄像头会关闭。另外，当他离开家时，他的信息也显然无法被记录下来。
>
> 德韦恩产生的信息量如此之大，以至于地下室的数据中心很快就被存满了。因此，罗伊不得不定期提着成箱的硬盘把这些数据永久地归档到他在工作单位搭建的一个更强大的计算机系统中。为了追踪这样一个小男孩的语言学习过程，他使用了一个价值数百万美元的 CPU 阵列，配备了容量为 1 拍字节（100 万吉字节）的磁盘阵列。和它的任务描述一样，该系统的名字很快也更新了：全面回忆（TotalRecall）。①

德韦恩·罗伊是一个例外。因为，并非每个人的整个人生都会被视频记录下来。然而，随着数字媒体和人类生活之间相互渗透的程度日益加深，类似的记录将变得越来越普遍。

我们现在已经能够看到引导这种转变的设备了。谷歌最近推出了谷歌眼镜（Google Glass），这个类似眼镜的可穿戴设备具有增强现实系统。它配备了一个网络摄像头，可以记录下所有出现在你视野里的事物，同时还配备了一个小的监视器，可以为你目前看到的和正在做的事情实时地提供相关信息。想焙烤一个蛋糕？谷歌眼镜会搞定一切：找出配方，并在你的操作过程中提供指导。你没有认出刚才从你身边走过去的那个人吗？没关系，谷歌眼镜采用的人脸识别技术可以提醒你他是谁。没错，这样的眼镜看上去有些怪。不过，你还记得早些时候人们戴着耳机自言自语时有多奇怪吗？无论谷歌眼镜是否会普及，这类技术无疑有着光明的前景。

谷歌眼镜这样的设备能使你很容易就实现类似德韦恩·罗伊的生活。起初，几乎没有人对这样的生活感兴趣——这是对隐私的终极违背。

① 关于德韦恩·罗伊的故事可详见《全面回忆》一书。该书已由湛庐文化策划、浙江人民出版社出版。——编者注

大数据透镜 | UNCHARTED |

互联网从一开始就对保护隐私的准则进行了重新定义，以诱导人们对日益增加的个人信息进行传播，无论是表达我们想法的博客，还是关于我们社会关系的状态。我们知道这个故事会如何收场：不可避免地，一些人会开始自愿地记录他们的全部生活，而网站则会进一步推广这些人的做法。

这种做法能为我们的生活带来一些帮助。有了生活日志，你不会再忘记任何事情——你可以查找自己的所有日志。有时候，这也许是一件好事，会使你更有安全感。毕竟，如果犯罪变得非常透明，谁还会去伤害其他人呢？你会拥有实时的生活辅导，你身边的人会不断地给你建议。当你不知所措时，它还会告诉你接下来该做什么。再想想看，你也许很快就会对此感到心烦。所以，有时候，你可能会放弃记录生活日志，在亲密时刻或者洗澡时关掉生活日志记录器。大部分人可能会这样做，但有些人或许不会。

生活日志不仅是我们观察自己的窗口，也是观察周边世界的窗口。可穿戴电子设备，例如，Nike+FuelBand 和 Fitbit 已经可以记录你每天走了多少步、爬了多少阶楼梯、消耗了多少卡路里等。随身医疗装置 Scanadu Scout 虽然只是一个小型的手持硬盘，却可以时刻跟踪和记录使用者的体温、心跳速率和血氧含量等，还可以进行心电图检查，甚至进行尿检。基本上，这一装置是人文学科中第一个类似于三录仪（tricorder）一样的东西。这些可穿戴电子设备搜集到的数据使生活日志可以作为医学记录，因为它们详细记录了我们日常行为的各种无意识过程。**如果我们身体的某个部位出了问题，生活日志就会立即通知我们的护理者。如今，年度体检的就医模式将完全改变。使用基于三录仪的远程医疗，医疗服务人员能够记录下你每天的身体状况。如**

果发现你的身体哪里看上去出现了问题，那么他们很可能会在你想要求医时打电话给你。

生活日志使我们能够记录下自己身上发生的大多数事情，无论是体外的还是体内的。那么，我们转瞬即逝的想法呢？

科幻小说中的读心器可以记录下其使用者的想法。我们认为，这样的设备近期内还不太可能成为现实。问题是，我们很难训练机器去理解大脑的电波。不过，我们也许会有比读心器更强大的备选设备。大约在 10 年前，科学家曾经成功研制出使人脑和机器之间产生协同作用的接口，能够让麻痹后的人通过意识移动假肢，或者通过无线信号发出意识指令来移动鼠标。此类脑机接口被用于常人和处于昏迷状态的人进行交流，也用于制作玩具。

人们设计出此类脑机接口基于的是这样一个事实：虽然机器难以理解大脑电波，但我们可以训练我们的大脑，使其活动对于机器而言更为“透明”。[①]这是通过让意识自由地产生机器能够分辨的神经信号来完成的。对于人脑和机器间的每一个接口，无论是记录大脑血流的功能性磁共振成像（fMRI）扫描器、记录大脑电波活动的脑电图，还是连接在某些脑细胞上的神经植入器，机器需要做的只是找出约定好的信号，并按照指定的方式作出回应。该方法取得了巨大成功。不难想象，此类系统可以使我们通过意识来操作设备，甚至相互发送消息。当然，这只是一个开始。

当我们思考的时候，我们的思绪通常是采用词序列的方式运转的。有一个用来描述这一现象的专有名词——意识流。某种程度上，意识流的存在是令人惊讶的。词汇是人们用于交流的一种系统，但为什么我们在组织自己大

① 想要更多地了解有关脑机接口的知识，请阅读《脑机穿越》，该书简体中文版已由湛庐文化策划、浙江人民出版社出版。——编者注

脑里的想法时也会使用词汇呢？我们在思考时可并不需要和其他人进行交流呀！然而，我们却都是这样做的。

从大脑的角度来看，传给人脑与机器间接口的神经信号和我们口头表达的词汇是完全不同的。神经信号只是脑细胞按照某种模式进行的活动。主要的差异在于，我们不使用这些“神经词汇”和其他人交流，却使用它们和机器沟通。我们不妨大胆地想象，人们可能已经习惯于将内心独白和相应的意识词汇对应在一起，构建起一个实时的、没有字幕的系统，而让机器可以听懂的设想并不疯狂。如果我们按照这样的方式和计算机互动，很可能就可以记录下我们的内心独白了。

每个感官体验、每次心跳和腹部的每个响动，甚至大脑里飘过的每个想法等，理论上来说都是可以被记录下来的。实际上，用日志将这些记录下来可以使我们的生活发生巨大的变化，但现在这一切只是我们想象出来的。然而，如果实现的话，这些日志不仅将改变我们的生活，还可能会比我们自身活得更久。这样我们将能够把自己的生命历程留给我们的孩子和所爱的人。他们也将能够从我们的成功和遗憾、智慧和愚蠢中学到一些东西：**数字化的来世。**如果你愿意，也可以将你的生活日志卖给某家公司，或者分享给科学家和学者。在未来的图书馆里，自传部分将不再只有一些故事，而是拥有一份份完整的记录。

真相与后果

2013 年 4 月 15 日，在距离波士顿马拉松赛终点 180 米左右的地方发生了爆炸事件。爆裂的弹片飞向聚集在终点线的人群，造成 3 名观众死亡，数百人受伤，至少 14 位受害者需要截肢。事件发生后的几天内，美国联邦调查局四处收集线索，但是却一无所获。炸弹是使用高压锅改造的，里面装满了钉子、钢珠和金属碎片，嫌疑犯将其藏在了背包里。所有这些东西都是普通人触手可得的，而大约 50 万观众观看了这场比赛。什么样的人才会携带这些炸弹呢？这是一部侦探小说，其涉及面之大让人难以想象。

然而，美国联邦调查局拥有一个强大的追踪系统：数字历史。调查局认识到，出现在犯罪现场的人群可以为调查提供帮助。观众拍下了很多照片，大街两旁的商店也装有摄像头。这么小的地方集中了如此多的摄像头，而且在如此短的时间内拍摄了那么多的照片，几乎可以肯定会有人拍到背着那个背包的嫌疑犯。

这个猜测是正确的。几天内，调查人员就公布了嫌疑犯的照片，照片来自洛德 - 泰勒百货公司（Lord & Taylor）的监控视频。在照片中我们可以清晰地看到爆炸案的两名嫌疑犯。线索开始汇集，大多是高清照片，这些照片完全是人们在无意间清晰地拍到嫌疑犯的脸的。随着这些照片在万维网上快速扩散，爆炸案的嫌疑犯最终无处藏身了。其中一名嫌疑犯在和警察的枪战中被击毙，另一名被抓获。他们计划中的其他爆炸袭击也因此而落空，他们接下来原本打算袭击纽约的时代广场。**所以，大数据给坏人的警告是：无论你是谁，无论你在哪里，大数据都能找到你。**

事实上，大数据虽然能抓捕坏人，但也会伤害无辜的人。

> 2011 年 11 月，年仅 15 岁的雷泰·帕森斯（Rehtaeh Parsons）去参加一个聚会，结果却惨遭 4 个男孩儿强奸。这些男孩儿拍下了照片，并通过电子邮件和 Facebook 开始传播。帕森斯的同学们不仅没能使其重新振作起来，反而给她带来了噩梦。面对持续不断的骚扰，她转了学，也搬了家，还在医院住了数周。然而，她还是没有摆脱厄运，在网上和日常生活中仍然不断受到骚扰。那些照片使她无处可逃！

2013年4月，帕森斯自杀了。

数据就是力量

从诞生之日起，照片就面临着一些奇怪的质疑：一旦你的图像被记录下来，你的部分灵魂就会被偷走。这种想法多多少少说明了一些东西。就像我们之前所提到的，只要拍下某个人的照片，你就拥有了某种针对那个人的力量。那么大数据会偷走你的全部灵魂吗？

这是一个亟待解决的问题。过去，人们需要深思熟虑该给子孙后代留下哪些东西，因为只有很少的东西能够被记录下来。然而，从将数据刻在岩洞里开始，我们已经开启了以数据进行记录的旅程。不久，我们就能轻而易举地记录下个人经历，很多人会记录下所有东西。这时候，我们需要考虑不必记录下来哪些东西。因此，**保存信息从一个技术谜题变成了一个道德困境，**这个困境诱发了许多问题：哪些东西可以被作为日志记录下来？如果有了日志，哪些人有权访问？

我们很难回答这些问题。毕竟，相对于预测未来的技术而言，预测未来的价值观更难。以德韦恩·罗伊为例，尽管他的父母记录他生活的初衷是为了推动科学发展，但这个两岁小孩儿真的应该比美国总统拥有更少的隐私权吗？很多人会反对自己的生活以这种方式被记录下来。然而，社会化网络正在以迅猛的速度改变着我们的社会规范。今天，我们在线上分享的许多东西在20年前或者5年前都是被严密保护的。但或许，德韦恩这代孩子不介意。又或许，他们会认为没有早年的生活日志会显得太原始和落后。

你可以说我们是守旧的。但是，就像生活日志必将成为现实一样，同样显而易见的是，公开的生活日志是非常危险的。没错，营销人员会利用它不断地向我们发送烦人的广告。塔吉特（Target）可以使用它的数据分析工具计算出哪些顾客是孕妇。有一次，塔吉特的优惠券把一个少女怀孕的消息泄露给了她那对此事尚未觉察的父母。可以想象，如果营销人员和全球的企业不受限制地访问生活日志，世界将变得多么不愉快。

企业对于我们生活的干扰可能还不是我们最担心的。我们更多的担心来自政府，因为政府可以利用生活日志时时刻刻地调查所有公民。在美国国家安全受到威胁时，谷歌和 Facebook 等公司就曾经向美国政府公开过它们的记录。有时候，无论企业是否愿意，政府都能设法获得这些记录。2012 年 9 月，Twitter 被迫向纽约刑事法庭移交了马尔科姆·哈里斯（Malcolm Harris）的私人消息记录，哈里斯是华尔街抗议示威活动的一员。2013 年，爱德华·斯诺登泄露了美国信息监管的一些计划，迫使奥巴马总统一再向美国人重申："没有人在监听你的电话。"合法的公共利益和政府监管之间存在界限吗？一定存在。在政府随时可以调出任何人的生活日志的世界里，抵抗几乎是徒劳的。

我们最为担心的情况是反乌托邦，它是人们能够通过技术实现对意识进行记录之后空想出的一个世界。例如，极权主义政府会强迫每个人记录下自己的全部思想。如果意识日志中存在空项，就将面临惩罚，思想私有也会随之成为历史。那还不是最恐怖的场景。想象一下，如果某个政府强制进行意识日志的植入，要求公民都植入某种思想，就像小学生背诵讲义一样，陷在强制的意识流中，人们就会变成他们自己意识的囚徒。

我们对有可能出现的这些情况感到忧心忡忡。然而，即使生活日志只是刚有可能，我们就看到了它反向运动的可能性。

在西雅图，5 点咖啡餐厅（5 Point Café）的股东们正在担心，生活日志技术的出现会让顾客不再到他们那里随心所欲地恶作剧了。对于商业而言，少了这样的恶作剧当然是一件坏事，于是咖啡厅决定拒绝戴谷歌眼镜的顾客。一家叫作 Snapchat 的网络创业公司提供服务让用户发送消息，这些消息会在一段指定的时间后删除。随着生活日志变得日益普及，我们认为，有必要创造出日志外的空间、时间和人与人间的交流。

我们的生活投下了数字化的影子。为与这些影子斗争，我们已经能拥有个人历史记录以及控制谁能访问它的权利了。数字共享空间会成长为一个巨大而奇妙的游乐场吗？会成为执法机关的一种强大工具吗？会成为无数代人经验和思想的遗产吗？会成为国家监管的对象吗？未来一个世纪，围绕它的争议将成为最大的意识冲突之一。

志趣相投：科学与人文已经走向融合

伽利略的望远镜——两个背对着的透镜，标志着人类文化历史的转折点。他通过望远镜看到的东西和天主教教义相违背。由于这个原因，宗教裁判所将其终身软禁。然而，教会无法囚禁他的思想。在伽利略之后，教会对西方思想的漫长统治开始衰退，这与他不无关系。

在此基础上，两个伟大的知识体系开始生根发芽。一个是科学，其目标是利用实证观察揭示宇宙的奥秘；另一个是人文，通过细致而批判性的分析来研究人类本性。这对孪生兄弟给西方文明带来了丰厚的礼物，包括自由和民主、工程和技术。

然而，这对强大的“兄弟”长期以来彼此疏远。**甚至在今天，学生们仍然需要选择要么集中关注科学、要么集中关注人文，很少有人兼修二者或者同时拥有科学学位和人文学位的。研究人员也必须选择其中一个阵营。两者**

之间的界限长期以来植根于我们的学校、大学和知识生态系统中。我们研究数学，研究莎士比亚，却很少二者兼修。

至少，曾经是这样的。在斯坦福大学，一位叫作佛朗哥·莫雷蒂（Franco Moretti）的意大利学者已经开始使用数字化图书来研究莎士比亚作品中的人物关系网络了，他将计算机科学和统计物理学的方法和手段应用到了一个全新的领域。内布拉斯加大学的文学教授马修·乔克尔斯（Matthew Jockers）研究了 19 世纪的小说间的微妙关系，他利用的正是这些小说中的代词的统计。在美国国家人文基金会，布雷特·博布利（Brett Bobley）领导着一个叫作“挖掘数据挑战”（Digging into Data Challenge）的创新计划，帮助美国的人文学家认真地考虑了这些新数据能够为他们提供什么信息。他们走到了数学之前没有到达的领域。

在达特茅斯（Dartmouth），一位名叫丹尼尔·洛克摩尔（Daniel Rockmore）的数学家一直在使用数字化图书研究作家写作风格之间的相互影响。和莫雷蒂相比，他使用了更多的数学知识，进行了更少的阅读。不过，二人志趣相投。在得克萨斯大学奥斯汀分校，心理学家詹姆斯·彭尼贝克（James Pennebaker）在研究文本中的代词分布是如何反映作者的情感的。彭尼贝克和乔克尔斯受到完全不同的知识体系的影响，却也志趣相投。另外，美国白宫科技政策办公室的汤姆·卡利尔（Tom Kalil）在奥巴马总统的授权下发起了一个大数据计划。尽管卡利尔和博布利资助的人不同，但他们也是志趣相投者。

历史记录不断变化的性质持续地扰乱着科学和人文的边界，并由此衍生出了很多合成的名称：试图跨出人文科学边界的历史学家倾向于称自己为“数字人文学家”（digital humanist）。语言学系开始有了“语料库语言学家”

（corpus linguist）。心理学家和社会学家有时候更喜欢别人称自己为“计算社会科学家”（computational social scientist）。在硅谷不断兴起的创业公司中，这些慢慢兴盛的概念渐渐发展成了商业业务。

慢慢地，科学和人文之间的某些思想开始融合。2013年春天，在马里兰的一个学术会议上，美国国立卫生研究院（National Institutes of Health）、美国国家人文基金会和美国国家医学图书馆（National Library of Medicine）召集了来自很多领域的研究人员，包括艺术史、非洲语言、计算机科学、微生物学、修辞学、诗歌学和动物学，等等。医药巨头葛兰素史克（GlaxoSmith-Kline）的前高级副总裁戴维·西尔斯（David Searls）做了特邀报告。这是美国国立卫生研究院和美国国家人文基金会第一次共同资助学术会议。会议主题“数据、生物医学和数字人文学”流露出了这样一种乐观情绪：历史学家、哲学家、艺术家、医生和生物学家等一起来思考大数据，他们并肩奋斗要比各自为战更能推动各个学科的发展。会议名称“共享视野”（Shared Horizons）非常贴切。未来最令人兴奋之处正是跨越领域合作。

没有人确切地知道该怎么称呼它，也没有人确切地知道它将走向何方。不过，有一件事情是确定的：**科学和人文再次志趣相投地走到了一起。一如伽利略在17世纪深刻地影响了我们认识世界的方式那样，科学和人文这两个背靠着的透境正在21世纪作出同样的壮举。**

心理史学

> 盖尔·多尼克（Gaal Dornick）使用非数学的概念将心理史学（Psychohistory）定义为数学的一个分支，该学科研究人类对特定的社会刺激和经济刺激的反应……

> 在所有这些定义的背后，隐藏着这样一个假设：人类群体的样本已经足够大，能用统计手段进行研究了……另一个必要的假设是：人类自身对心理史学的分析浑然不知，他们的反应是完全随机的……
>
> **——艾萨克·阿西莫夫，《基地》（*Foundation*）**

在最著名的科幻小说之一《基地》中，艾萨克·阿西莫夫虚构了一个名叫哈里·谢顿（Hari Seldon）的数学家。谢顿的伟大贡献是，他知道如何将精巧的数学理论和对社会状态实时的详细测量结合起来，从而预测未来。当然，谢顿不知道某个特定的人会做什么，因为单个人的行为太随机了。不过，他能计算出社会整体会做什么。例如，谢顿计算出，统治银河系超过 1 000 年的那个帝国不久就会灭亡。但谢顿不能够精确地知道，是谁做了什么导致了这次灭亡，只知道灭亡即将来临。而当他一觉醒来时，整个银河系已经陷入了混乱。

关于群体行为的此类理论在科学中并不罕见。假如你吹胀一个气球，不打结就松开手，会发生什么？连小孩子都知道，空气会从开口处跑出来，气球会缩小，同时飞向空中，最终落到地上。物理学家则可以计算出气体分子从开口处溢出的速度、气球缩小的速度以及气球飞向空中的速度，等等。但是，世界上没有哪位科学家可以告诉你，气球中的单个气体分子会冲向哪里，因为单个分子具有很强的随机性。不过，作为一个整体，气球及其中间的气体遵循着一个可以预测的模式。

阿西莫夫将他的思想称为“心理史学”，他认为这样一种方法可以预测人类文明的大未来。

当代社会科学家对这种狂热的文化决定论似乎是完全陌生的。大多数领域对此都不看好，经济学是一个例外。这有点儿奇怪，毕竟阿西莫夫的概念实际上是属于社会学范畴的。19 世纪初期，社会学之父和社会科学的奠基人奥古斯特·孔德（Auguste Comte）认为，对人类社会进行细致的经验研究最终可以揭示支配其运转的规律，这与通过对物理现象进行细致的研究来揭示其背后的数学原理是一样的。这个学科后来被称为社会学，不过最初他将其称为“社会物理学”①。孔德认为，理解社会规律有助于用其创造更好的社会，就如同理解了物理学可以帮助我们设计更好的烤面包机一样。当阿西莫夫笔下的哈里·谢顿在心理史学计算的基础上采取行动以消除银河系的混乱时，他就是孔德梦想的科幻化身。

如果考虑一下即将影响社会科学的数据潮汐，你就会觉得数据非常诱人。想象一下，有如此多的数据，孔德的梦想或许会触手可及。

① 了解有关社会物理学的更多信息，可阅读由湛庐文化策划、浙江人民出版社出版的大数据专家阿莱克斯·彭特兰的作品《智慧社会》。——编者注

量化人文 由n元词组词频查看器绘制的人类大未来

在历史趋势发生之前试图对其进行预测似乎是完全不可能的。

我们决定使用n元词组来做一个实验，目的是检验历史趋势是否可以预测。我们测试了最简单、最有可能成真的预测——“文化惯性”（cultural inertia）。文化惯性是指，具有上升趋势的n元词组会持续上升，具有下降趋势的n元词组会持续下降。股市不具有这种惯性：如果股市具有的话，发现这个惯性的人一定会大赚一笔。如果人类文化具有惯性，那么我们就可以通过查看n元词组记录的过去的人类行为来预测其接下来的行为。

下面是我们的计算机绘制出的一幅图（见图6-1）。

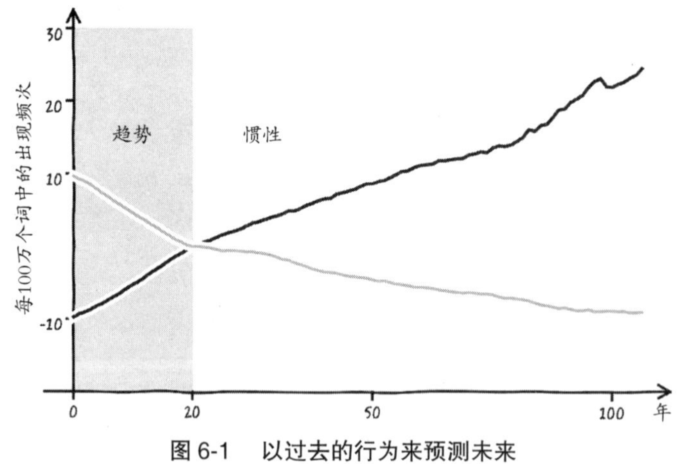

图6-1 以过去的行为来预测未来

Big Data as a Lens on Human Culture

浅灰色的线条展示了很多n元词组的平均出现频次。我们选择这些n元词组的原因是，它们在过去20年时间内具有一致的下降趋势。但在这段时间结束之后，这个趋势还会继续吗?

在随后的几十年内，的确如此。深灰色的线条恰恰相反，我们选择了一组在过去 20 年内具有一致上升趋势的 n 元词组。这个上升趋势保持了将近一个世纪，直到我们所能够测量到的最大时间范围。那么，你可能会想：**上升的 n 元词组会保持上升，下降的 n 元词组会保持下降**。也就是说，运动中的 n 元词组一般会趋于保持原先的变化势头（除非有某种心理历史力作用其上）。

也许吧，仅仅是也许，历史也许是可以预测的。也许吧，仅仅是也许，我们的文化遵循着确定的规律。也许，仅仅是也许，这就是大数据告诉我们的。

不过，虽然这样一种理解是可能的，但这真是我们想要了解的吗？孔德是这么认为的。他认为，如果没有客观的测量和可被检验的预测，我们对人类历史、社会和文化的理解将是非常贫乏的。人类学家法兰兹·鲍亚士却不同意他的观点：

> 物理学家对比一系列相似的事实，从中提取出它们都具有的一般性现象。因此，单个事实就变得不再重要了，他只看重一般规律。
>
> 另一方面，这些事实正是历史学家感兴趣和觉得重要的对象……
>
> 这两种方法中哪个具有更高的价值呢？任何答案都只是主观的……

总之，有时你会想看一下图表，有时你会将自己埋在一本好书中。欢迎来到数字的未来中。为什么不两者都尝试一下呢？

附录

n 元词组历史大会战

Big Data
as a Lens on
Human Culture

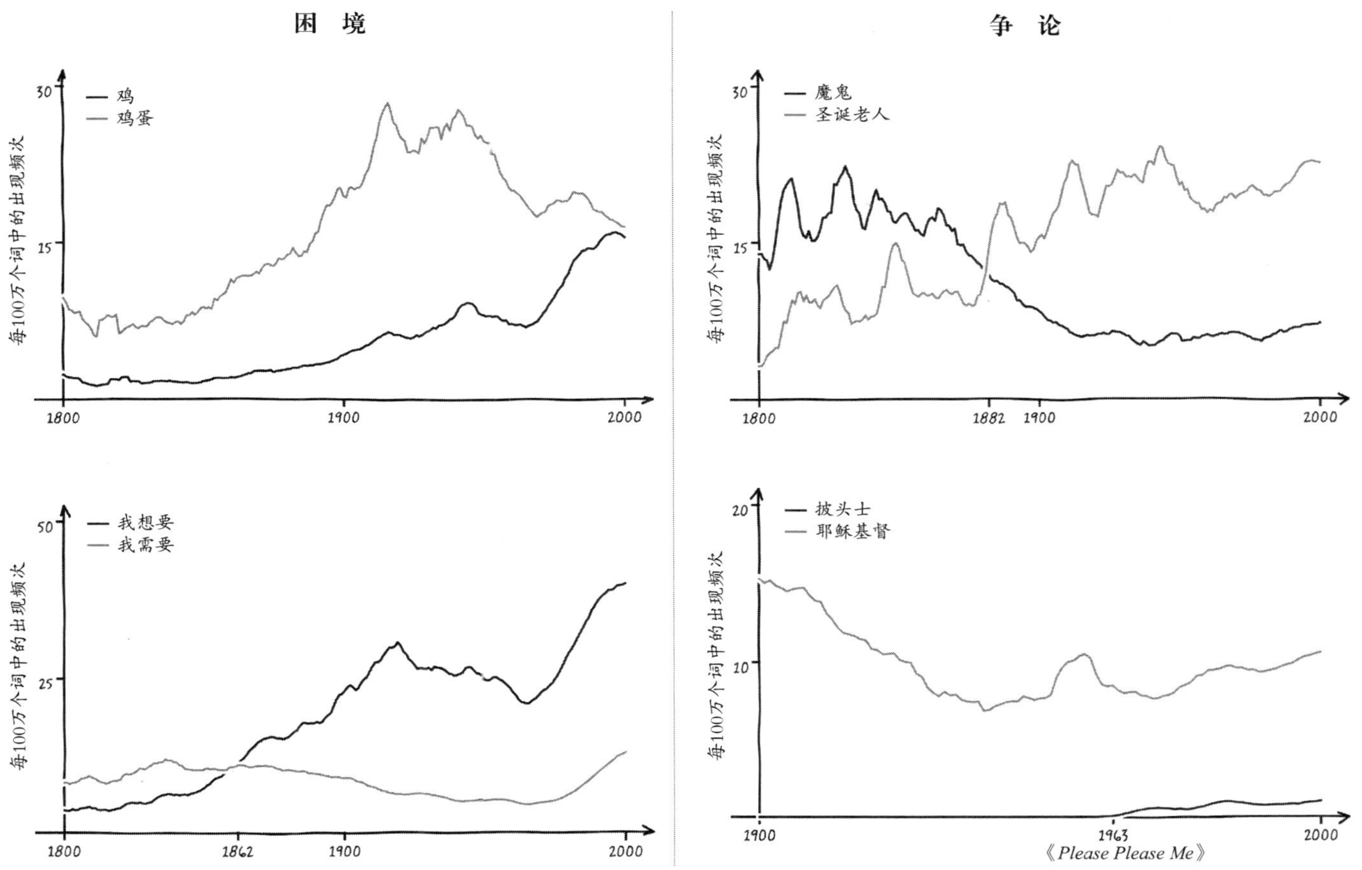

困境
鸡
鸡蛋
每100万个词中的出现频次
30
15
1800
1900
2000
我想要
我需要
每100万个词中的出现频次
50
25
1800
1862
1900
2000
争论
魔鬼
圣诞老人
每100万个词中的出现频次
30
15
1800
1882
1900
2000
披头士
耶稣基督
每100万个词中的出现频次
20
10
1900
1963
2000
《Please Please Me》

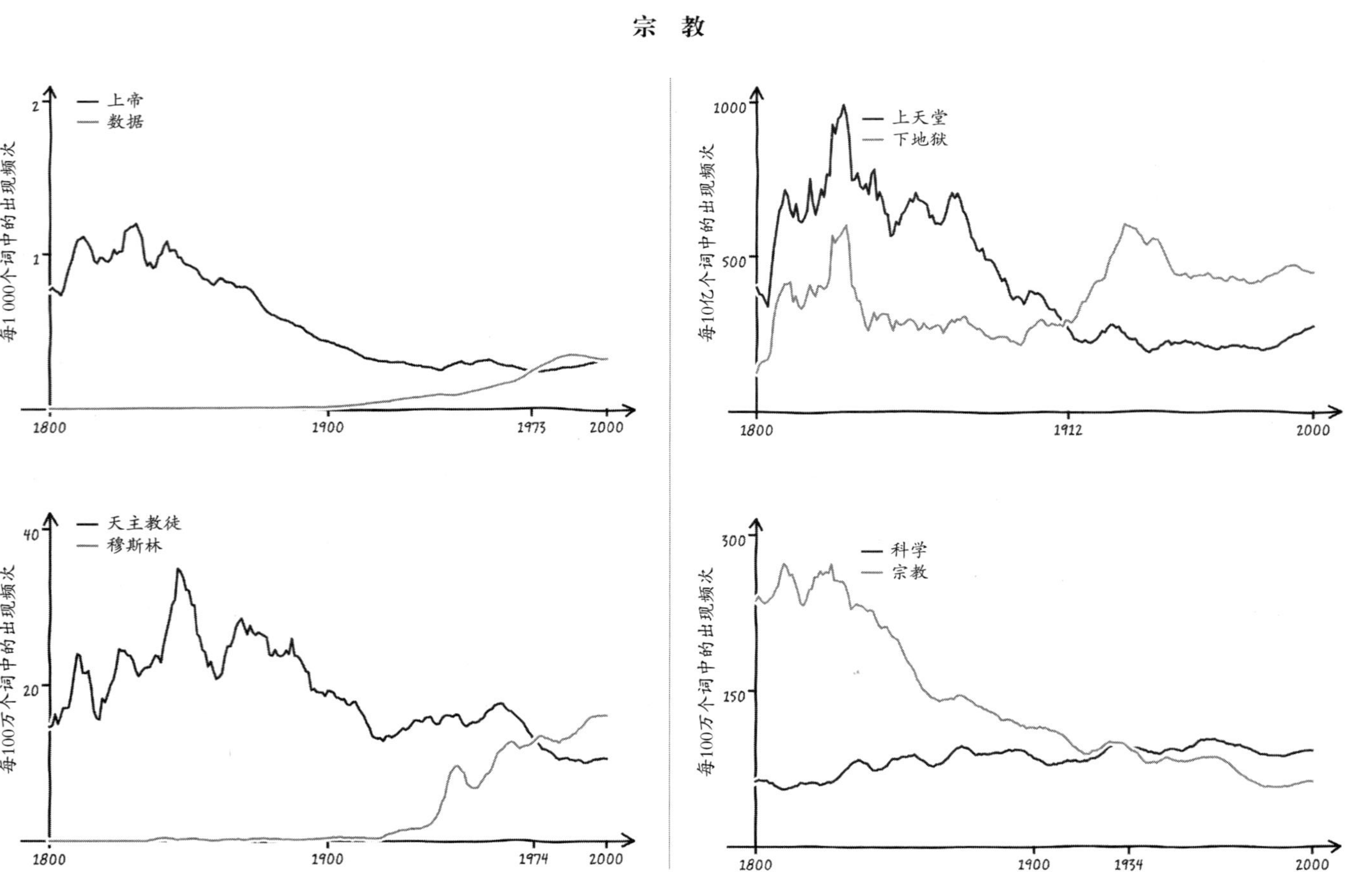
宗教
上帝
数据
每1 000个词中的出现频次
2
1
1800
1900
1973
2000
上天堂
下地狱
每10亿个词中的出现频次
1000
500
1800
1912
2000
天主教徒
穆斯林
每100万个词中的出现频次
40
20
1800
1900
1974
2000
科学
宗教
每100万个词中的出现频次
300
150
1800
1900
1934
2000

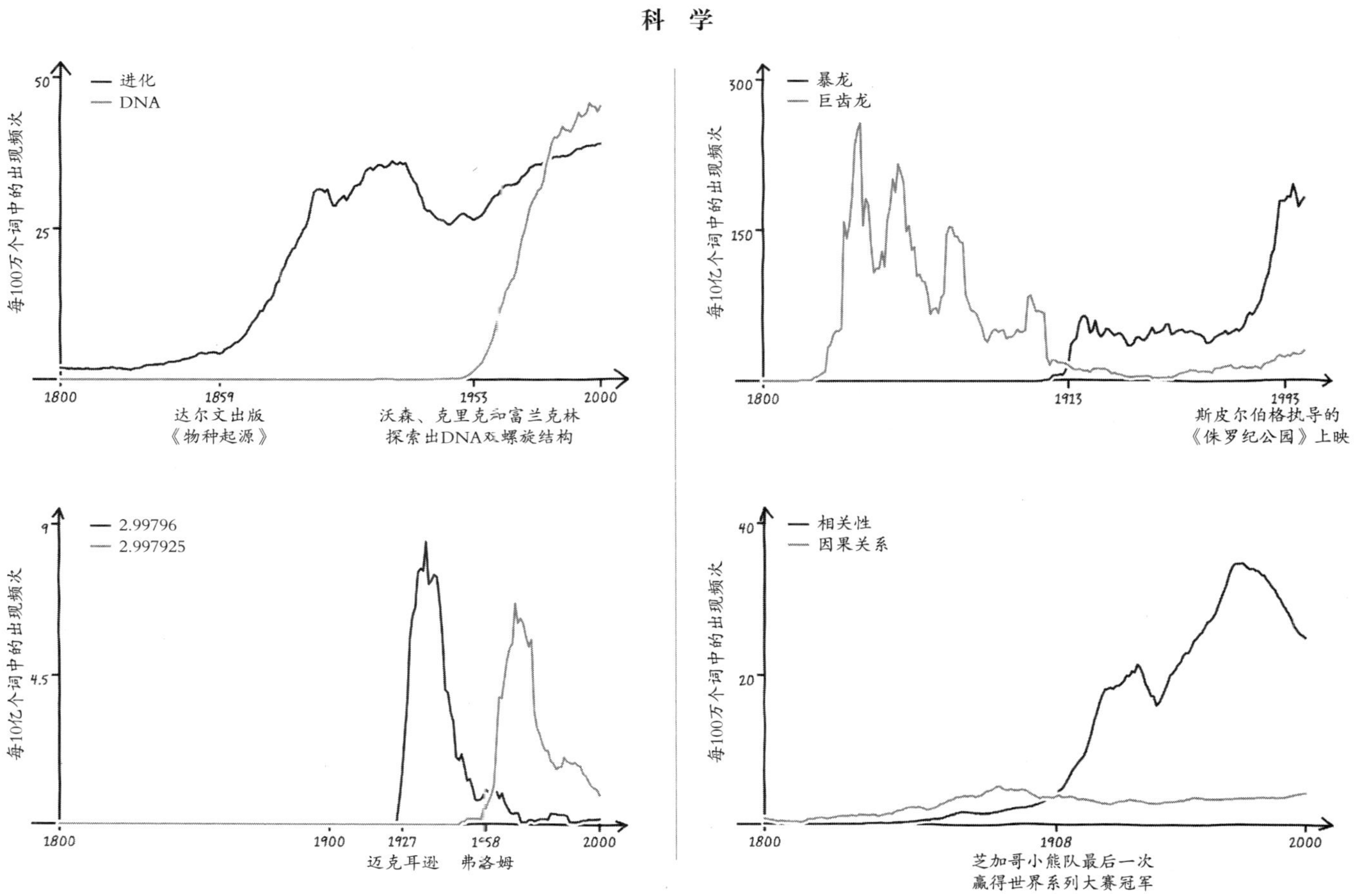
科学
进化
DNA
每100万个词中的出现频次
50
25
1800
1859
达尔文出版
《物种起源》
1953
沃森、克里克和富兰克林
探索出DNA双螺旋结构
2000
暴龙
巨齿龙
每10亿个词中的出现频次
300
150
1800
1913
1993
斯皮尔伯格执导的
《侏罗纪公园》上映
2.99796
2.997925
每10亿个词中的出现频次
9
4.5
1800
1900
1927
迈克耳逊
1958
弗洛姆
2000
相关性
因果关系
每100万个词中的出现频次
40
20
1800
1908
芝加哥小熊队最后一次
赢得世界系列大赛冠军
2000

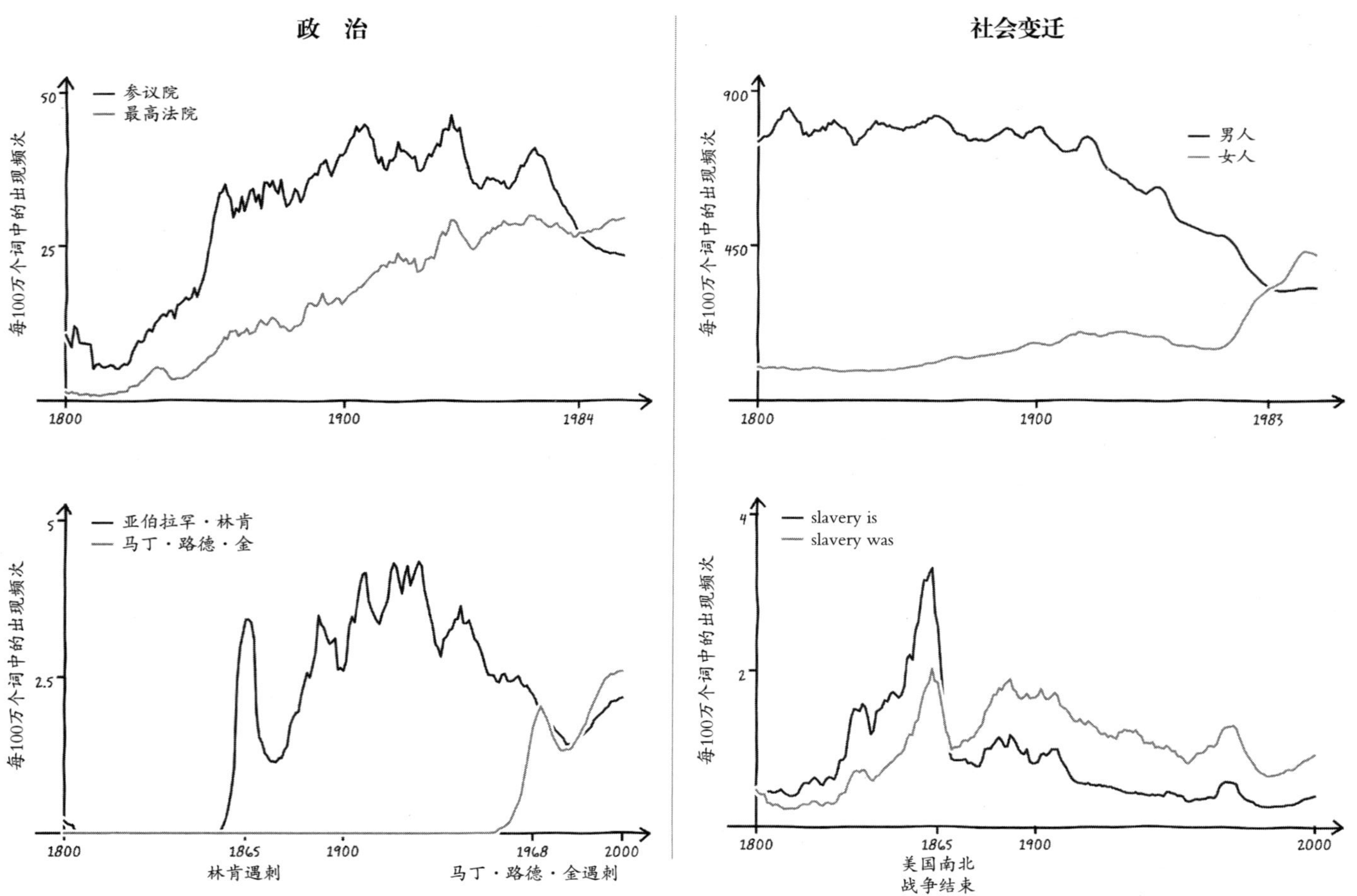
政 治
参议院
最高法院
每100万个词中的出现频次
50
25
1800
1900
1984
亚伯拉罕·林肯
马丁·路德·金
每100万个词中的出现频次
5
2.5
1800
1865
林肯遇刺
1900
1968
2000
马丁·路德·金遇刺
社会变迁
男人
女人
每100万个词中的出现频次
900
450
1800
1900
1983
slavery is
slavery was
每100万个词中的出现频次
4
2
1800
1865
美国南北
战争结束
1900
2000

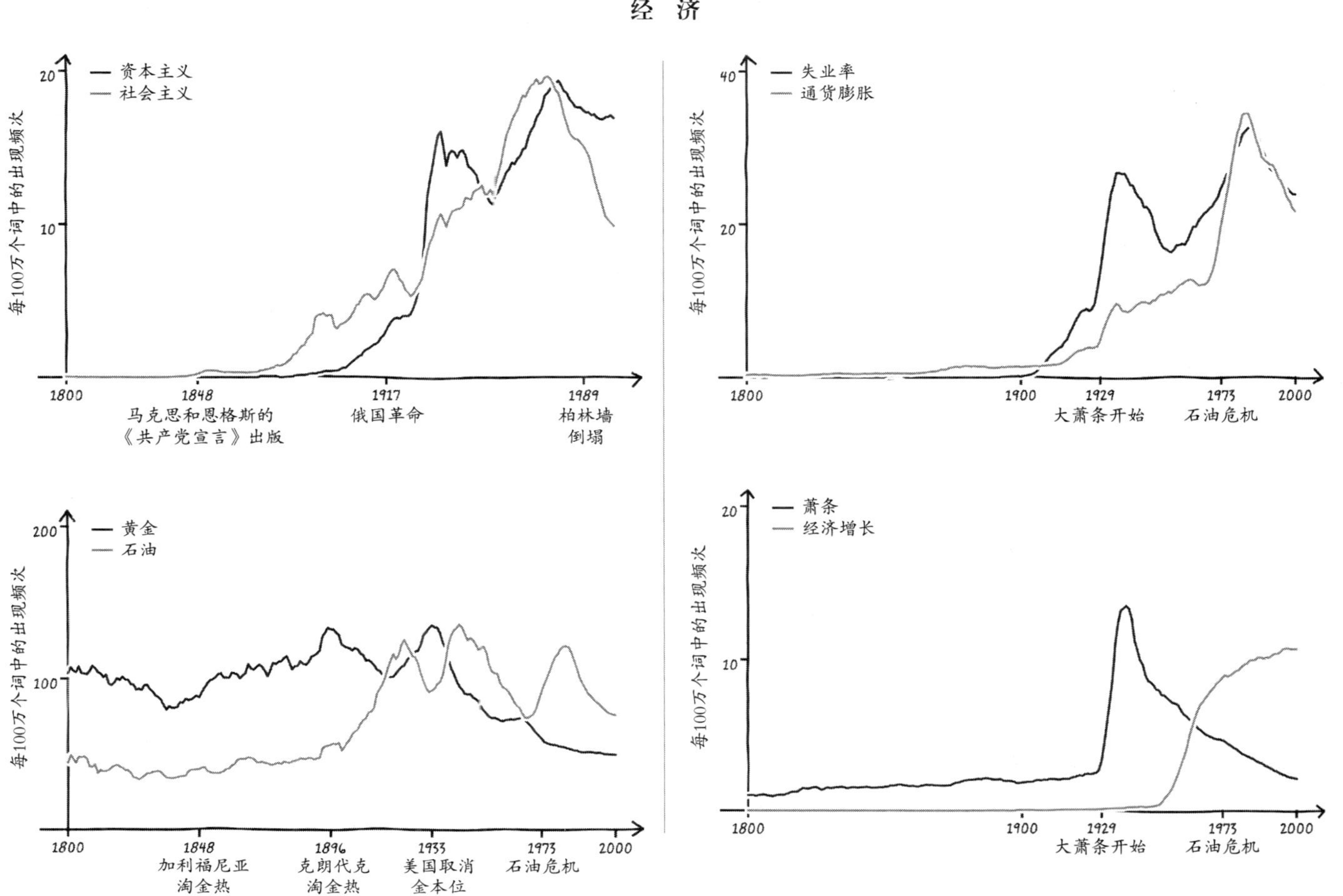
经济
每100万个词中的出现频次
20
10
资本主义
社会主义
1800
1848
马克思和恩格斯的
《共产党宣言》出版
1917
俄国革命
1989
柏林墙
倒塌
每100万个词中的出现频次
40
20
失业率
通货膨胀
1800
1900
1929
大萧条开始
1973
石油危机
2000
每100万个词中的出现频次
200
100
黄金
石油
1800
1848
加利福尼亚
淘金热
1896
克朗代克
淘金热
1933
美国取消
金本位
1973
石油危机
2000
每100万个词中的出现频次
20
10
萧条
经济增长
1800
1900
1929
大萧条开始
1973
石油危机
2000

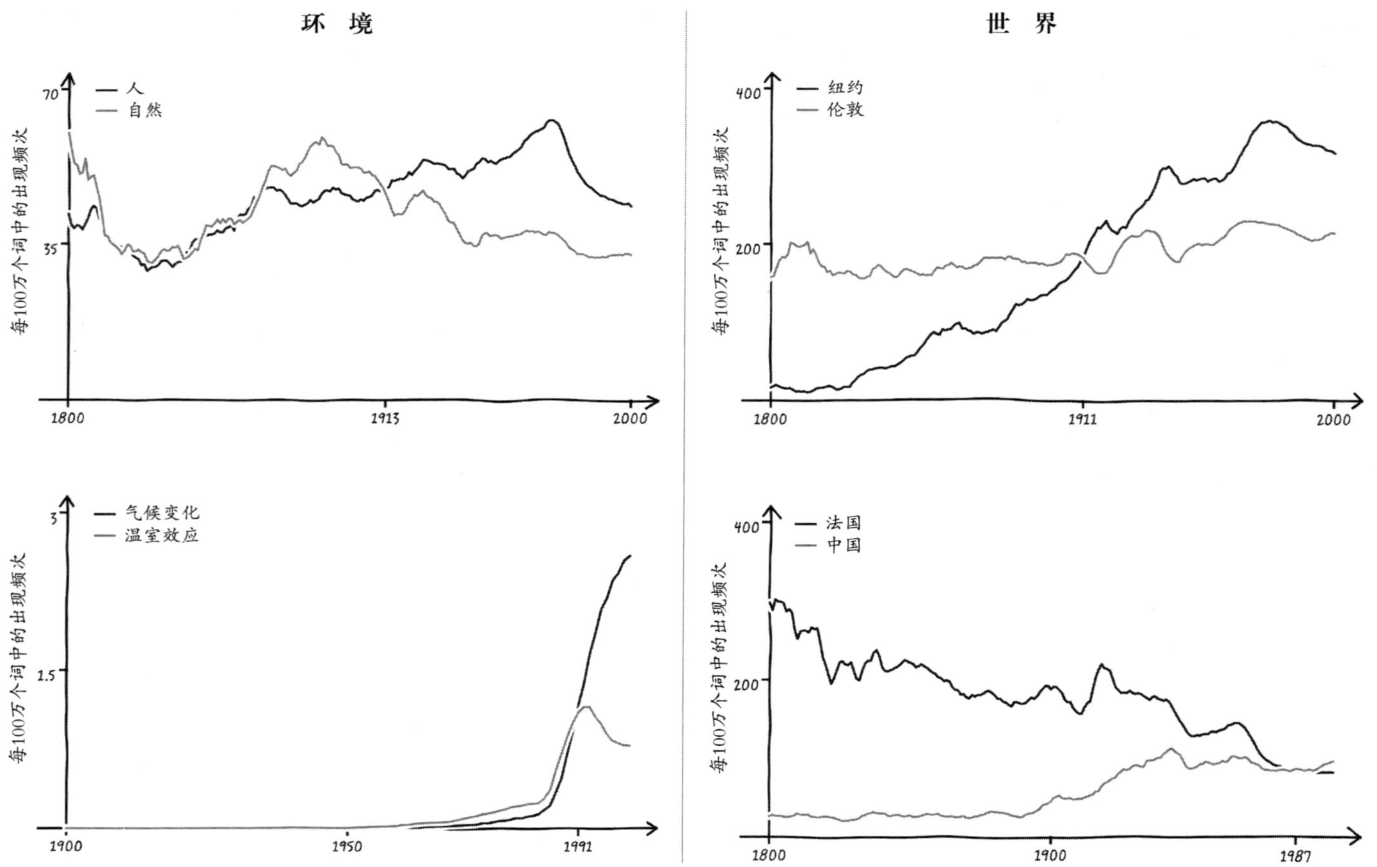

环境
人
自然
每100万个词中的出现频次
70
35
1800
1913
2000
世界
纽约
伦敦
每100万个词中的出现频次
400
200
1800
1911
2000
气候变化
温室效应
每100万个词中的出现频次
3
1.5
1900
1950
1991
法国
中国
每100万个词中的出现频次
400
200
1800
1900
1987

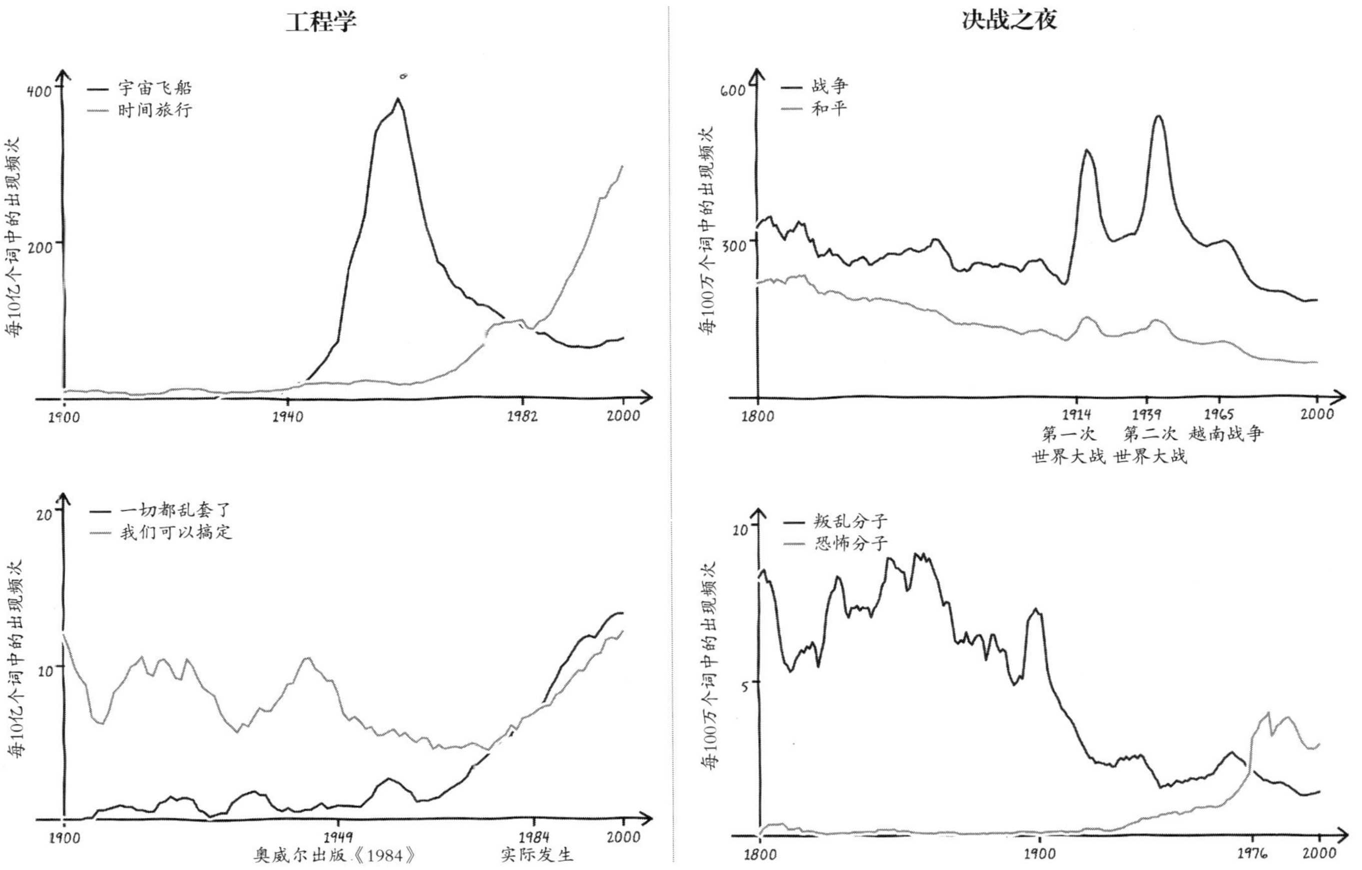
工程学
宇宙飞船
时间旅行
每10亿个词中的出现频次
400
200
1900
1940
1982
2000
决战之夜
战争
和平
每100万个词中的出现频次
600
300
1800
1914
1939
1965
2000
第一次世界大战
第二次世界大战
越南战争
一切都乱套了
我们可以搞定
每10亿个词中的出现频次
20
10
1900
1949
1984
2000
奥威尔出版《1984》
实际发生
叛乱分子
恐怖分子
每100万个词中的出现频次
10
5
1800
1900
1976
2000

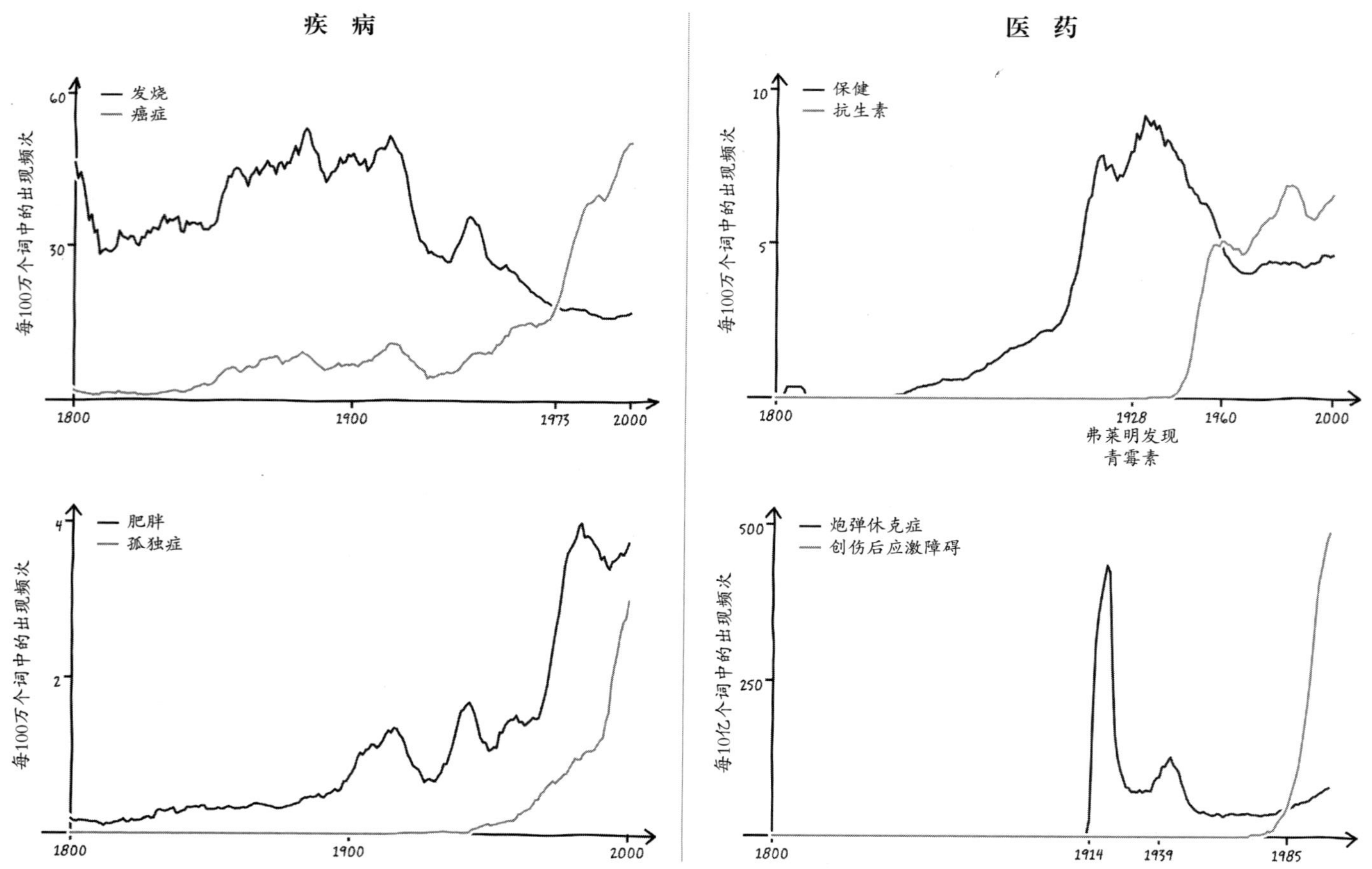
疾病
发烧
癌症
每100万个词中的出现频次
60
30
1800
1900
1973
2000
肥胖
孤独症
每100万个词中的出现频次
4
2
1800
1900
2000
医药
保健
抗生素
每100万个词中的出现频次
10
5
1800
1928
1960
2000
弗莱明发现
青霉素
炮弹休克症
创伤后应激障碍
每10亿个词中的出现频次
500
250
1800
1914
1939
1985

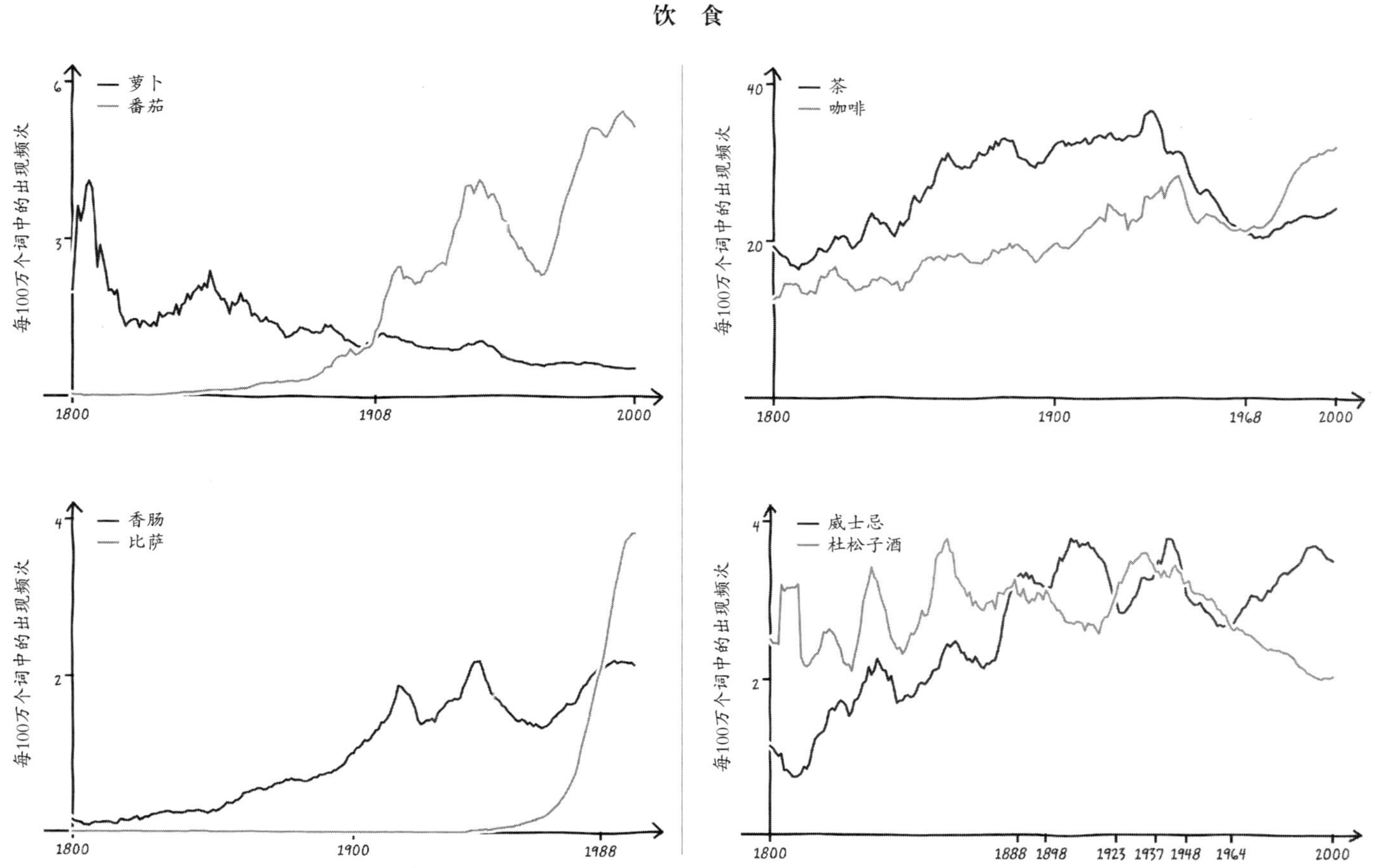

饮 食
萝卜
番茄
每100万个词中的出现频次
6
3
1800
1908
2000
茶
咖啡
每100万个词中的出现频次
40
20
1800
1900
1968
2000
香肠
比萨
每100万个词中的出现频次
4
2
1800
1900
1988
威士忌
杜松子酒
每100万个词中的出现频次
4
2
1800
1888
1898
1923
1937
1948
1964
2000

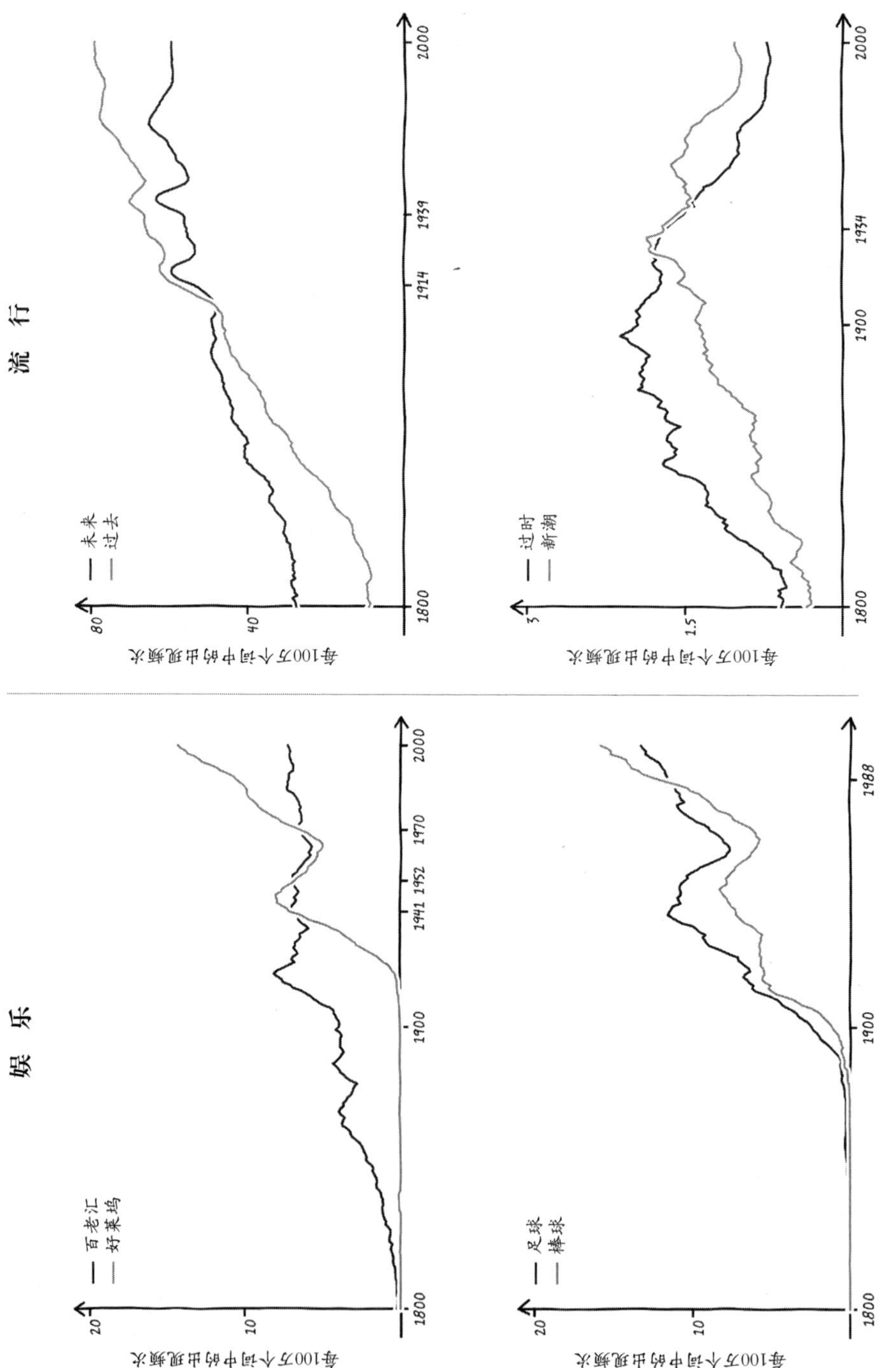
娱乐
百老汇
好莱坞
每100万个词中的出现频次
20
10
1800
1900
1941 1952
1970
2000
足球
棒球
每100万个词中的出现频次
20
10
1800
1900
1988
流行
未来
过去
每100万个词中的出现频次
80
40
1800
1914
1939
2000
过时
新潮
每100万个词中的出现频次
3
1.5
1800
1900
1934
2000

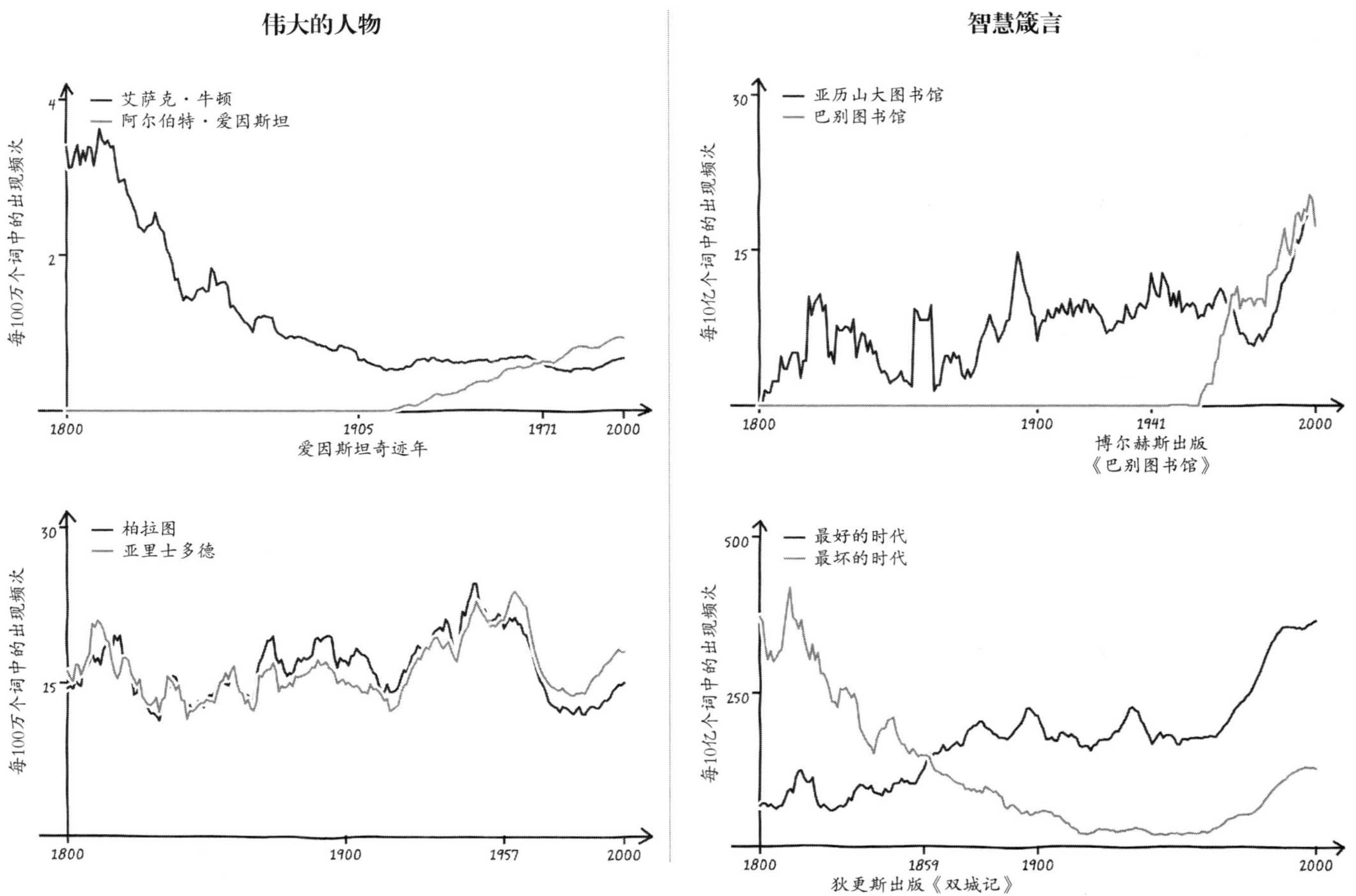

伟大的人物
艾萨克·牛顿
阿尔伯特·爱因斯坦
每100万个词中的出现频次
4
2
1800
1905
1971
2000
爱因斯坦奇迹年
柏拉图
亚里士多德
每100万个词中的出现频次
30
15
1800
1900
1957
2000
智慧箴言
亚历山大图书馆
巴别图书馆
每10亿个词中的出现频次
30
15
1800
1900
1941
2000
博尔赫斯出版
《巴别图书馆》
最好的时代
最坏的时代
每10亿个词中的出现频次
500
250
1800
1859
1900
2000
狄更斯出版《双城记》

湛庐，与思想有关……

如何阅读商业图书

商业图书与其他类型的图书，由于阅读目的和方式的不同，因此有其特定的阅读原则和阅读方法，先从一本书开始尝试，再熟练应用。

阅读原则1 二八原则

对商业图书来说，80%的精华价值可能仅占20%的页码。要根据自己的阅读能力，进行阅读时间的分配。

阅读原则2 集中优势精力原则

在一个特定的时间段内，集中突破20%的精华内容。也可以在一个时间段内，集中攻克一个主题的阅读。

阅读原则3 递进原则

高效率的阅读并不一定要按照页码顺序展开，可以挑选自己感兴趣的部分阅读，再从兴趣点扩展到其他部分。阅读商业图书切忌贪多，从一个小主题开始，先培养自己的阅读能力，了解文字风格、观点阐述以及案例描述的方法，目的在于对方法的掌握，这才是最重要的。

阅读原则4 好为人师原则

在朋友圈中主导、控制话题，引导话题向自己设计的方向去发展，可以让读书收获更加扎实、实用、有效。

阅读方法与阅读习惯的养成

（1）回想。阅读商业图书常常不会一口气读完，第二次拿起书时，至少用15分钟回想上次阅读的内容，不要翻看，实在想不起来再翻看。严格训练自己，一定要回想，坚持50次，会逐渐养成习惯。

（2）做笔记。不要试图让笔记具有很强的逻辑性和系统性，不需要有深刻的见解和思想，只要是文字，就是对大脑的锻炼。在空白处多写多画，随笔、符号、涂色、书签、便签、折页，甚至拆书都可以。

（3）读后感和PPT。坚持写读后感可以大幅度提高阅读能力，做PPT可以提高逻辑分析能力。从写读后感开始，写上5篇以后，再尝试做PPT。连续做上5个PPT，再重复写三次读后感。如此坚持，阅读能力将会大幅度提高。

（4）思想的超越。要养成上述阅读习惯，通常需要6个月的严格训练，至少完成4本书的阅读。你会慢慢发现，自己的思想开始跳脱出来，开始有了超越作者的感觉。比拟作者、超越作者、试图凌驾于作者之上思考问题，是阅读能力提高的必然结果。

好的方法其实很简单，难就难在执行。需要毅力、执著、长期的坚持，从而养成习惯。用心学习，就会得到心的改变、思想的改变。阅读，与思想有关。

[特别感谢：营销及销售行为专家 孙路弘 智慧支持！]

我们出版的所有图书，封底和前勒口都有“湛庐文化”的标志

并归于两个品牌

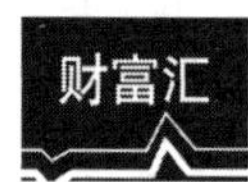

找“小红帽”

为了便于读者在浩如烟海的书架陈列中清楚地找到湛庐，我们在每本图书的封面左上角，以及书脊上部47mm处，以红色作为标记——称之为**“小红帽”**。同时，封面左上角标记**“湛庐文化 Slogan”**，书脊上标记**“湛庐文化 Logo”**，且下方标注图书所属品牌。

湛庐文化主力打造两个品牌：**财富汇**，致力于为商界人士提供国内外优秀的经济管理类图书；**心视界**，旨在通过心理学大师、心灵导师的专业指导为读者提供改善生活和心境的通路。

阅读的最大成本

读者在选购图书的时候，往往把成本支出的焦点放在书价上，其实不然。

时间才是读者付出的最大阅读成本。

阅读的时间成本=选择花费的时间+阅读花费的时间+误读浪费的时间

湛庐希望成为一个“与思想有关”的组织，成为中国与世界思想交汇的聚集地。通过我们的工作和努力，潜移默化地改变中国人、商业组织的思维方式，与世界先进的理念接轨，帮助国内的企业和经理人，融入世界，这是我们的使命和价值。

我们知道，这项工作就像跑马拉松，是极其漫长和艰苦的。但是我们有决心和毅力去不断推动，在朝着我们目标前进的道路上，所有人都是同行者和推动者。希望更多的专家、学者、读者一起来加入我们的队伍，在当下改变未来。

湛庐文化获奖书目

《大数据时代》
国家图书馆"第九届文津奖"十本获奖图书之一
CCTV"2013中国好书"25本获奖图书之一
《光明日报》2013年度《光明书榜》入选图书
《第一财经日报》2013年第一财经金融价值榜"推荐财经图书奖"
2013年度和讯华文财经图书大奖
2013亚马逊年度图书排行榜经济管理类图书榜首
《中国企业家》年度好书经管类TOP10
《企业家》"5年来最值得创业者读的10本书"
《商学院》"2013经理人阅读趣味年报·科技和社会发展趋势类最受关注图书"
《中国新闻出版报》2013年度好书20本之一
2013百道网·中国好书榜·财经类TOP100榜首
2013蓝狮子·腾讯文学十大最佳商业图书和最受欢迎的数字阅读出版物
2013京东经管图书年度畅销榜上榜图书，综合排名第一，经济类榜榜首

《爱哭鬼小隼》
国家图书馆"第九届文津奖"十本获奖图书之一
《新京报》"2013年度童书"
《中国教育报》"2013年度教师推荐的10大童书"
新阅读研究所"2013年度最佳童书"

《牛奶可乐经济学》
国家图书馆"第四届文津奖"十本获奖图书之一
搜狐、《第一财经日报》2008年十本最佳商业图书

《影响力》（经典版）
《商学院》"2013经理人阅读趣味年报·心理学和行为科学类最受关注图书"
2013亚马逊年度图书分类榜心理励志图书第八名
《财富》鼎力推荐的75本商业必读书之一

《影响力》（教材版）
《企业家》"5年来最值得创业者读的10本书"

《大而不倒》
《金融时报》·高盛2010年度最佳商业图书入选作品
美国《外交政策》杂志评选的全球思想家正在阅读的20本书之一
蓝狮子·新浪2010年度十大最佳商业图书，《智囊悦读》2010年度十大最具价值经管图书

《第一大亨》
普利策传记奖，美国国家图书奖
2013中国好书榜·财经类TOP100

《卡普新生儿安抚法》（最快乐的宝宝1·0~1岁）
2013新浪"养育有道"年度论坛养育类图书推荐奖

《正能量》
《新智囊》2012年经管类十大图书，京东2012好书榜年度新书

《认知盈余》
《商学院》"2013经理人阅读趣味年报·科技和社会发展趋势类最受关注图书"
2011年度和讯华文财经图书大奖

《神话的力量》
《心理月刊》2011年度最佳图书奖

《真实的幸福》
《职场》2010年度最具阅读价值的10本职场书籍

延伸阅读

《大数据时代》

◎“大数据时代的预言家”维克托·迈尔-舍恩伯格力作。

◎迄今为止全世界最好的一本大数据专著。

◎国外大数据系统研究的先河之作，一场生活、工作与思维的大变革。

扫码直达本书购买链接

《决战大数据》

◎大数据实践的先行者，阿里巴巴集团副总裁、数据委员会会长车品觉首部个人专著。

◎聚焦阿里巴巴的大数据实践，首次揭开阿里巴巴运营数据的神秘面纱。

◎林奕彰、沈亚、刘星、张涛、程杰、徐雷、吴海、张溪梦国内8大顶尖电商和投资人强力推荐，迄今为止最有重量的数据实践之作。

扫码直达本书购买链接

《大数据云图》

◎作者大卫·芬雷布被誉为“大数据商业应用的引路人”。

◎亚马逊、Google、IBM、Facebook、LinkedIn……超过100家大数据公司的商业法则深度解密。大数据云图清晰勾勒出大数据行业的企业分析，让你能够轻易发现大数据行业的下一个大机遇。

扫码直达本书购买链接

《决胜移动终端》

◎美国知名智库移动未来研究院CEO查克·马丁最新力作。

◎第一本真正阐释O2O概念的移动互联必读之作，是传统企业拥抱移动互联网的经验大典！

◎中国移动研究院院长黄晓庆、阿里巴巴集团副总裁车品觉鼎力推荐！

扫码直达本书购买链接

图书在版编目（CIP）数据

可视化未来：数据透视下的人文大趋势 /（美）艾登，（法）米歇尔著；王彤彤，沈华伟，程学旗译．—杭州：浙江人民出版社，2015.9

ISBN 978-7-213-06850-8

Ⅰ．①可…　Ⅱ．①艾…　②米…　③王…　④沈…　⑤程…　Ⅲ．①经济管理–数据管理　Ⅳ．①F2-39

中国版本图书馆 CIP 数据核字（2015）第 190987 号

浙江省版权局
著作权合同登记章
图字:11-2014-240 号

上架指导：人文趋势 / 大数据

可视化未来：数据透视下的人文大趋势

作　　者：［美］埃雷兹·艾登　［法］让-巴蒂斯特·米歇尔　著
译　　者：王彤彤　沈华伟　程学旗　译
出版发行：浙江人民出版社（杭州体育场路347号　邮编　310006）
市场部电话：（0571）85061682　85176516
集团网址：浙江出版联合集团　http://www.zjcb.com
责任编辑：罗　旭
责任校对：张志疆
印　　刷：北京鹏润伟业印刷有限公司
开　　本：720 mm × 965 mm 1/16　　**印　　张：**15.25
字　　数：17.8 万　　**插　　页：**3
版　　次：2015 年 9 月第 1 版　　**印　　次：**2015 年 9 月第 1 次印刷
书　　号：ISBN 978-7-213-06850-8
定　　价：54.90 元

如发现印装质量问题，影响阅读，请与市场部联系调换。